JLPT 급소공략

급소만을 집중 공략한
JLPT(일본어능력시험) 완벽 대비서

N2 독해

다락원

JLPT
급소공략 N2 독해 <2nd EDITION>

지은이 권영부, 関恒夫
펴낸이 정규도
펴낸곳 (주)다락원

초판 1쇄 발행 2011년 4월 1일
개정판 1쇄 발행 2018년 10월 5일
개정판 6쇄 발행 2024년 12월 13일

책임편집 송화록, 손명숙, 한누리
디자인 장미연, 이승현

다락원 경기도 파주시 문발로 211
내용문의: (02)736-2031 내선 460~465
구입문의: (02)736-2031 내선 250~252
Fax: (02)732-2037
출판등록 1977년 9월 16일 제 406-2008-000007호

Copyright © 2018, 권영부, 関恒夫

ISBN 978-89-277-1211-4 14730
      978-89-277-1205-3(set)

http://www.darakwon.co.kr

- 다락원 홈페이지를 방문하시면 상세한 출판 정보와 함께 동영상 강좌, MP3 자료 등 다양한 어학 정보를 얻으실 수 있습니다.
- **다락원 홈페이지**에서 "(2nd EDITION) JLPT 급소공략 N2 독해"를 검색하시거나 표지 날개의 **QR코드**를 찍으시면 **해설집**을 다운로드 하실 수 있습니다.

머리말

국제화, 세계화라는 파도를 타고 넘지 않으면 개인이든 사회든 국가든 생존 경쟁에서 뒤쳐질 수 밖에 없습니다. '국제화=영어 실력'이라고 생각하는 것은 틀린 말은 아닙니다만, GDP 규모면에서, 특히 취득면에서, 수출입 규모면에서, 그리고 다양한 문화나 심지어 문학적인 측면에서도 일본이라는 나라는 여전히 세계적인 강국 중 하나입니다. 특히 아시아권에서의 일본의 위상은 여전히 무시할 수 없는 강한 힘을 가진 나라입니다.

일본어를 잘하는 것은 한 개인에게 있어서 분명히 하나의 무기라고 생각합니다. '일본어 좀 한다'와 'JLPT(일본어능력시험) N2에 합격했다'는 말은 의미하는 바가 크게 다를 것입니다. 현대를 「エビデンスの時代(증거의 시대)」라고 말하는 사람이 있는데, 저희 두 저자는 그 말에 크게 찬동합니다. '실력이 있다'와 '시험에 합격했다'는 말은 입사 시험의 당락을 결정짓기도 하기 때문입니다. 시험은 붙고 볼 일이며 자격증은 따고 볼 일입니다. 타인에게 증거를 보이는 방법은 종이로 된 「エビデンス」보다 좋은 것은 없을 것입니다.

최근 일본으로 취업차 진출하는 사람이 점점 늘고 있는데 대부분의 회사에서는 JLPT 급수를 요구합니다. 본서가 거기에 부응하는 책이 되기를 바라며 다소의 수정을 가하여 개정판을 내기에 이르렀습니다.

본서는 새로워진 JLPT 시험의 합격을 위하여, 저희 두 저자가 20여 년간 학생을 가르치며, 또 책을 만들며 축적한 모든 노하우를 담으려고 노력을 기울였습니다.

---

❶ 새로워진 시험 방식에 쉽게 적응할 수 있도록 기출문제의 경향을 철저히 분석, 반영하였습니다.
❷ 향후 시험문제로 나올 수 있는 '경우의 수'를 넓게 잡아, 다양한 문제를 접할 수 있도록 하였습니다.
❸ 어학의 기본인 문법과 폭넓은 어휘를 접할 수 있도록 하였습니다.

본서와 아울러 시리즈로 『JLPT 급소공략 독해 N1』과 『JLPT 급소공략 독해 N3』도 출간되었으므로, 더욱 탄탄한 기본기를 갖추는데 활용할 수 있으리라 생각합니다. 아무쪼록 본서가 여러분들의 합격에 일조를 할 수 있기를 바랍니다.

芸は身を助く

(어떤) 재주가 (하나) 있으면 (언젠가는) 나를 (크게) 도우리라

권영부

関 恒雄

JLPT (일본어능력시험)
N2 독해 유형 분석

2010년부터 실시된 JLPT(일본어능력시험)에서는 내용 이해(단문, 중문), 종합 이해, 주장 이해(장문), 정보 검색
으로 총 5가지 유형으로 구성되며, 지문은 11개로 그 수가 늘었다. 그리고 문제 수는 이전 시험이 약 23문제였
으나, 新시험에서는 26문제로 늘었다. 단문-중문-장문의 비율이 평균 4-2-2였던 것이, 新시험에서는 5-4-2
로 단문과 중문의 비중이 커졌다. 배점도 전체에서 1/3을 차지하는 등 독해는 기존 시험보다 더 어려워지고 비
중도 커졌다.

問題10 주로 생활, 업무, 학습 등 다양한 주제를
포함한 200자 정도의 수필이나 설명문, 지시문을 읽고
내용을 이해했는지 묻는 문제이다.
총 4개의 지문이 나오며, 각 지문당 1문제씩 출제된다.
주로 글의 전체 주제를 묻는 문제나 필자의 주장이나
생각을 묻는 문제, 밑줄 친 부분의 의미를 찾는 문제,
문맥을 파악하는 문제 등의 형태로 출제된다. 전체 독
해 문제 중에서 지문이 가장 짧기 때문에 필자의 주장
이나 의견, 전체 지문의 요점을 나타낸 키워드나 문장
을 빨리 파악하는 것이 중요하다.

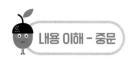

問題11 비교적 평이한 내용의 신문 논평, 설명문,
수필 등 500자 정도의 지문을 읽고, 인과 관계나 개요,
이유, 필자의 생각 등을 이해했는지 묻는 문제이다.
총 3개의 지문이 나오며 각 지문당 3개의 문제가 출제
된다.
주로 문장의 개요나 필자의 생각, 인과 관계를 묻는 문제
가 출제되기 때문에, 각 단락이 말하는 내용이 무엇인지
파악하는 것이 중요하다. 문장의 주제나 필자의 생각은
주로 마지막 단락에서 정리가 되므로 주의 깊게 본다. 인
과 관계나 이유를 묻는 문제의 경우는 주로 밑줄 친 부
분의 문장의 앞뒤 문맥을 살펴서 문제를 풀어야 한다.

問題12 600자 정도의 신문의 칼럼이나 기사 등의 같은 주제에 대한 두 가지 이상의 글을 읽고 공통점이나 상이점을 비교하거나, 복수의 지문 내용을 종합하여 이해하는 능력을 요구하는 문제가 출제된다. A, B로 구성된 지문이 나오고 3문제가 출제된다.

비교적 평이한 내용이므로 글 자체는 어렵지 않지만, 기존에 없었던 문제 형태이므로 자칫 당황할 수 있다. 전체를 신속하게 읽거나 또는 문제에 따라 부분을 깊이 있게 읽는 방식으로 이해한다.

問題13 추상적이고 논리적인 900자 정도의 장문을 읽고 필자가 전달하려는 주장이나 의견을 얼마나 이해할 수 있는지를 묻는 문제이다. 총 1개의 지문이 나오고 3문제가 출제된다.

전체적 내용 이해, 키워드의 파악, 논리 전개 등을 파악하는 것이 주장 이해 문제를 해결하는 데 무엇보다 중요하다. 독해 문제 중에서 가장 난이도가 높은 파트로 단어 수준도 높은 편이다.

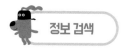
問題14 700자 정도의 광고, 팸플릿, 정보지, 전단지, 비즈니스 문서 등의 정보 소재글 안에서 자신에게 필요한 정보를 찾아낼 수 있는지를 묻는 문제이다. 총 1개의 지문이 나오고 2문제가 출제된다.

정보를 주는 문장의 경우 처음부터 끝까지 꼼꼼히 읽고 이해하는 것이 아니라, 읽는 목적에 따라 필요한 부분만 찾아서 읽으면 되기 때문에, 문제가 지문의 앞에 온다. 따라서 먼저 질문과 선택지를 읽고 필요한 정보가 무엇인지 파악하는 것이 중요하다.

이 책의 구성과 특징

본문

문제의 유형을 나타낸다.

모의 고사
형식의 교재로 총 5회의
모의고사가 실려 있다.

부록

정답과 해석
부록에는 각 문제의 정답과
지문 해석, 단어 및 표현이
정리되어 있다.

목차

JLPT 급소공략　N2 독해

問題10　次の文章を読んで、後の問いに対する答えとして最もよいものを、
　　　　1・2・3・4から一つ選びなさい。

　体操というのは、本格的な運動の前に行う軽い運動のことである。学校で
体育の先生が一生懸命教えても、生徒の体の動かし方はなかなか同じにならな
い。後ろから見ると、みんな少しずつ動作が違う。ちょっと理解しにくい。

　原因はいろいろあると思うが、もしかしたら学生たちが先生をしっかり見
ていないのかもしれない。教え方よりも教わり方に問題がありそうだ。

　学校でのちょっとした風景から、物事への観察力というものほど大事なも
のはない、といったことを痛感させられた。

---

① この文章で筆者が最も言いたいことは何か。

1 先生の教え方がよくないので、みんな動作が違う。

2 先生が注意深く見ていないので、みんな体の動かし方が違う。

3 生徒たちが先生の動作を研究していないので、動作が違う。

4 モノをどう見るかということは、決して無視できないことである。

お金を稼ぐ_(注1)ために、私たちは毎日汗を流している。お金がたくさん入れば生活が豊かになるのは言うまでもない。しかし、お金を節約するための努力もある意味では、お金を稼ぐことと同じ意味を持つ。たくさん稼いでたくさん使えれば、それにこしたことはないが、現実はなかなか思いどおりにはいかないものである。だからこそ、稼ぐこと以上に、無駄遣いを防ぐための工夫も欠かせないのである。

(注1) 稼ぐ：お金を得ること

2 文中のある意味ではの意味として一番近いのは次のどれか。

1 考えようによっては

2 意味を変えれば

3 結論的に言えば

4 いわゆる

いつからか、コンピューター・インターネット・経済関連の新語、すなわち新しい言葉が無数に増えている。新しい言葉が生まれたというのは、それに当たる新しい概念や知識が誕生したことを意味する。

　　50を過ぎたばかりの自分が時代の流れについていけるか、もう自信がないくらいである。大学を卒業するまで、様々な知識を頭に詰め込み(注1)、社会に出てからも詰め込んでばかりいる。デジタルな世界を生きるアナログな自分が大嫌い。いや、デジタルな世界が、ある意味ではもっと嫌いである！

(注1) 詰め込む：無理に覚える

3　この文章の内容として正しくないものはどれか。

　1　筆者は最近、新知識に困っている。

　2　筆者は自分のことをデジタルな方だと思っていない。

　3　筆者は最近、新しい言葉に頭を悩まされている。

　4　筆者は生きる自信をすっかり失っている。

　○△銀行がつぶれたというニュースを聞き、驚きを隠しきれなかったのは、もう10年も前のことである。あれだけ大きい銀行が倒産するなんて、当時は想像もできなかったのである。

　しかし、最近では名のある大会社でも<u>壁にぶつかり</u>、立ち直れなかったという出来事をよく耳にする。銀行にお金を預ける際、いくつかの銀行に分散させる人が多くなったとも聞く。競争が激しくなった世の中だからこそ、お客の信頼を失わないための努力が必要だと言いたいのである。

4　<u>壁にぶつかり</u>とあるが、その理由は何か。

1 経営がうまくいかなくて

2 経営スタイルがワンマンで

3 生産コストが高くて

4 売上げが伸びて

有名商科大学を出て、コンピューターもほぼ自由自在で経済感覚も優れた今年38歳の友人は、株で大損し、先祖代々の土地と住んでいるマンションを売るはめ(注1)になってしまった。一時期は、株でかなりもうけた(注2)らしいが、景気の低迷と欲の出しすぎで損をしたのである。「インターネット」も知らない隣のおじいさんは、土地と住宅の売買がうまくて、子供は勿論、三人の孫もアメリカに留学させている。「若者の知識・感覚」よりも「老人の知恵」の方が光る場合も少なくないのである。

(注1) はめ：困った立場
(注2) もうける：利益を得る

5　この文章で筆者が最も言いたいことは何か。

1　若さと経済感覚は切っても切れない関係である。

2　欲の出しすぎは警戒しなければならない。

3　金もうけは年寄りが上手である。

4　年寄りの知恵にも習うべきところは多い。

問題11 次の文章を読んで、後の問いに対する答えとして最もよいものを、 1・2・3・4から一つ選びなさい。

心臓、肝臓、腎臓そして目(網膜)など、体の一部が病気のため、その機能が落ち、生命の危険にさらされている(注1)人々がいる。彼らは、脳死判定を受けた人からの臓器提供を心待ちしているが、現実は提供者より、それを待ち望む人の方が圧倒的に多い。そのため①命を落とさざる(注2)をえない多くの患者がいる。また臓器提供を受けたとしても、他人からの臓器に拒絶反応を起こしてしまうと生命が保たれない。

そんな中、自分の皮膚から体の様々な細胞に変化できるiPS細胞(新型万能細胞)が作られたというニュースは、数年前話題になった。iPS細胞は皮膚などの細胞に、4種類の遺伝子を組み込んで作る方法が一般的だ。4種類の中の一つは「Cミック」といってガン遺伝子であり、マウスの実験でも7割で発ガンしたと言う。そこで大学研究グループは「Lミック」という遺伝子を「Cミック」の代わりに用いたところ、発ガンの危険性がなくなってきたそうだ。iPS細胞の作成効率(注3)も飛躍的に高まったと言うから驚きだ。②このことによりiPS細胞を使った臓器移植などの再生医療の実用化に、より近づいたことになる。これは病人本人の細胞を通して作られるため、拒絶反応もなく優れているわけだ。今後一層の研究開発に期待したい。

(注1) 危険にさらされる：危険な状態に置かれる
(注2) 命を落とす：死亡する
(注3) 作成効率：何かを作る(作成する)際の効率

6 　①命を落とさざるをえないとあるが、その理由は何か。

　　1　脳死判定による臓器提供者が、圧倒的に多いため

　　2　脳死判定による臓器提供者を待ち望む人が多いため

　　3　脳死判定により臓器を提供してくれる人が少ないため

　　4　脳死判定を受けた人が臓器提供を拒否するため

7 　②このこととはどんなことか。

　　1　iPS細胞の作成効率が以前と変わらないこと

　　2　ガン遺伝子である「Cミック」を別のガン遺伝子「Lミック」に変えたこと

　　3　ガン遺伝子である「Cミック」から別の遺伝子「Lミック」を取り出したこと

　　4　ガン遺伝子である「Cミック」を別の遺伝子「Lミック」に変えたこと

8 　この文章の内容と合わないものはどれか。

　　1　脳死判定による臓器提供者より、提供を待っている人の方がずっと多い。

　　2　脳死判定による臓器提供者から提供を受ければ、ほとんどの命は助かる。

　　3　自分の皮膚から作られたiPS細胞は、いろいろな臓器を作れる可能性がある。

　　4　iPS細胞は、自分の細胞から作られるため拒否反応がない。

梅雨(注1)が明けて以来、真夏の猛暑日(注2)が連日続いている。全国的に暑く、ところによっては37度、38度の異常な高温になっている。

熱中症(注3)による死者も出ている。農作業中あるいは野外で倒れたり、また家の中でも倒れ、病院に運ばれる人も多く、ただ事ではない(注4)状態だ。

猛暑の原因は太平洋高気圧で①例年より勢いが強いためだという。太平洋高気圧は赤道付近で暖められて上昇した空気が上空で行き場を失い、日本の南東の北緯30度付近で下降して作られる。空気の固まりは下降しながら圧縮されて暖まる。今年はさらにフィリピン近海で上昇した空気による下降気流も加わって太平洋高気圧の勢いが強いということだ。そしてロシアの熱波など世界的な異常気象の原因となった偏西風も加わり、日本列島が猛暑になっていると言われている。

いずれにせよ地球温暖化と深くつながっていると思われる。各国が協調して二酸化炭素の排出規制を行っていく必要があるが、この問題は経済問題が関係するため、なかなかスムーズに行かない。世界の国々、特に先進国と発展途上国の間の意見が合わない。着実な意見調整の努力が必要だが、②手遅れにならないことを祈るのみである。

(注1) 梅雨：６月ごろ降り続く雨
(注2) 猛暑日：気温が３５度以上の日
(注3) 熱中症：高温度下で運動や仕事をしたために起こる障害
(注4) ただ事ではない：普通ではない。異常な

9 ①例年より勢いが強い理由は何か。

1 猛暑の原因は太平洋高気圧だが、フィリピン近海の下降気流およびロシアの熱波も加わっているため

2 猛暑の原因は太平洋高気圧で、日本付近で暖められて上昇した空気が日本付近に下降して暖まるため

3 猛暑の原因は太平洋高気圧だが、今年はロシア近海で上昇した空気による下降気流も加わっているため

4 猛暑の原因は太平洋高気圧だが、ロシアの寒波など、世界的な異常気象の原因となった偏西風も加わったため

10 どうして②手遅れにならないことを祈るのみであると言っているのか。

1 先進国と発展途上国の間で二酸化炭素の排出規制を行う必要があるため

2 先進国と発展途上国の間で経済問題が深刻になっているため

3 先進国と発展途上国の間で決めたことに対する実行に問題があるため

4 異常気象など、地球村が抱えている環境問題への対策が遅れてはいけないので

11 この文章の内容から見て正しくないものはどれか。

1 世界各国が二酸化炭素の排出規制をしていかないと手遅れになるかもしれない。

2 異常な猛暑は地球温暖化現象の影響と見ることができる。

3 熱中症は野外のみでなく家の中にいてもかかっている。

4 梅雨の後、真夏の猛暑日が続いていて、全国どこも毎日37、38度の異常な高温になっている。

　人の寿命を80年と見た場合、人生において眠る時間、食べる時間、経済活動をする時間、その他、雑事(注1)に追われる時間を除くと、わずか8年ぐらいしか残らないと言われる。

　私達がこの世に生まれて80年を生きても、純粋に私自身のために用いることのできる時間は、たったの8年だけだ。一日で言ったら30分にも満たない。

　この①8年が、ある人には1年だけになり、またある人には8年にも何十年にもなる。その人の価値が、その8年の中味として表れることになる。その人が亡くなった場合、その人だけの時間にどういう生き方をしたかが、後世に残す痕跡(注2)となる。

　この私だけの時間にテレビばかり見る人がいる。また本が好きで読書に熱中する人もいるし、趣味生活をする人もいる。またボランティア活動やチャリティー活動に励む(注3)人、宗教を信じて熱心に宣教活動をする人もいれば、遊びやギャンブルに戯れ(注4)、熱心に酒場に通う人もいる。

　実に様々であるが、私だけの時間の過ごし方の内容により、その人の価値が決められ後世の評価となると思うと②ハッとさせられる(注5)。充実した時間の使い方をしていないからである。

　誰でも人生の最後の時は来るが、その時になって悔いることのないように、この私だけの貴重な時間を有意義に使わなければと、思わされる今日この頃である。

(注1) 雑事：日常生活の中で出てくるいろいろな用事
(注2) 痕跡：過去に何があったか分かる跡
(注3) 励む：努力する
(注4) 戯れる：おもしろがって遊ぶ
(注5) ハッとする：思いがけないことで驚く

12 ①8年が、ある人には1年だけになり、またある人には8年にも何十年にもなるとはどういうことか。

1 その人だけの時間にどういう生き方をしたかにより、後世の人の評価が決まると、簡単には言えないということ

2 その人だけの時間の使い方によって、1年の価値にも何十年の価値にもなるということ

3 80年の人生を生きても、私だけのために使える時間は8年しかないということ

4 人生において眠ったり食べたり働いたり、その他、雑用に使う時間を除くと、わずか8年ぐらいしか残らないということ

13 ②ハッとさせられるとあるが、その理由は何か。

1 私の80年の人生を後世の人々は参考にするから

2 毎日遊びやギャンブルに戯れているため

3 誰でも人生の最後の時が来るため

4 私だけの時間に対し、満足できる豊かな使い方をしていないから

14 この文章の内容と合わないものはどれか。

1 人生80年とか言われるが、真に私だけのために用いることができる時間はわずかだ。

2 その人の生き方、特に私だけの時間の使い方が最も大切であり、また後世の評価を受ける。

3 私だけの時間はたったの8年と短いので、できるだけ好きなこと、楽しいことをすべきだ。

4 人生の最後を迎えたとき後悔しないように、一日一日を貴重に生きなければならない。

問題12　次の文章は死刑制度についてのＡとＢの意見である。二つの文章を読んで、後の問いに対する答えとして最もよいものを、１・２・３・４から一つ選びなさい。

A

　人がしてはいけないことと言ったら何があるだろうか。浪費、嘘、暴力、お金の詐欺、泥棒、人殺しなどいろいろあるだろう。中でも一番してはイケナイことは人殺しだろう。例えば大喧嘩をしていて偶発的(注1)に人を殴り死に至らせたなら、少しは理解できる部分があるかもしれない(それでも悪いことには変わりないが)。

　しかし、仕事で体が疲れるだけ疲れて力なく、とぼとぼ歩いて帰宅中の女性を強引に(注2)拉致し、暴行を加えて殺す、という犯罪を理解できる人はこの世にはいないだろう。

　生命の尊厳だの何だのと口うるさく言う人もいるが、なぜ死刑は維持されるべきか、という理由が今回の殺人事件でも明らかになった。被害者やその家族のことを考えると、死刑制度は維持されて当たり前だ。

(注1) 偶発的に：偶然に
(注2) 強引に：無理やり

B

　　人を殺すことは、人間として一番してはいけないことであるには間違いない。それも利害関係の全然ない道行く(注1)人を、何の理由もなく強引に連れ込み暴行を加えた末に殺すということは、いくらなんでも許されない。死刑に処するべきだと言われてもしかたがない。しかし、一回の大きな過ちを犯したからといって人を死刑にするのは、問題があると思う。なぜなら、真犯人と断定できない場合も、時としてあるからである。

　　無残な(注2)殺し方をした人に対し、人間の尊厳を言うのもなんだが、私が一番懸念する(注3)のは、本当にその人が真犯人だと言い切れるか、である。もし真犯人でなかったらどうする! 殺人は許せないが、死刑にするのはいただけない。もし、真犯人であっても償いの機会を与えた方が、犯罪防止効果も期待できる。死刑は止めてもらいたい。

(注1) 道行く：道を歩いて行く
(注2) 無残な：残酷な
(注3) 懸念する：心配する

15　死刑制度について、AとBはどんな立場なのか。

1　Aは積極的に賛成するが、Bは消極的に賛成する。

2　Aは積極的に賛成するが、Bは部分的に賛成する。

3　Aは死刑に賛成するが、Bは結果として反対の立場を取っている。

4　AもBも大反対である。

16 ＡとＢのどちらのコラムにも書かれているのは何か。

1 人を殺した人は、どんな理由があっても死刑に処するべきだ。

2 偶発的な殺人事件は、100％理解できないものではない。

3 真犯人だと言い切れないこともありうるので、簡単に死刑にしては
いけない。

4 人を強引に連れ込み、暴行を加えて殺す行為は許されない。

問題13　次の文章を読んで、後の問いに対する答えとして最もよいものを、
　　　　１・２・３・４から一つ選びなさい。

　もはや(注1)、車は文明の利器(注2)でも何でもない時代になっている。日本
の総人口は約１億２千５百万人。乗用車、バス、トラック、そしてダンプカ
ーとタンクローリーなどの車の総台数は８千万台以上。ざっと計算しても約
１.６人に１台という、ものすごい数である。

　このまま増え続けていったら、人間の数より車の数が多くならないとも限
らない。そのおびただしい(注3)数の車が道路を、朝も昼も夜もなく走ってい
る。車の数が多いだけ、事故による死傷者も年々増加しているのが現状であ
る。

　大学３年在学の娘が、免許を取りたいと切り出して(注4)きたので「どうして
それが要るんだ」と、半分怒りながら、①半分疑問に思いながら聞いたら、娘
曰く(注5)「友達、みんな持ってるもん」と言う。

　そんなに必要性もないのに、車を買う金もないくせに免許を取りたがる理
由が一体どこにあるのか、疑問でしょうがない。特に娘の場合は、大学が非
常に近いところにあって、徒歩で１０分もかからないというのにである。

　「友達が持っているからって、自分も持たないといけないという論理は、何
を根拠にしているんだ」と、②もう少し声を高めにして言ったら、「お父さんは
時代遅れよ」と、ずばり言われてしまった。

　時代の変化にうとくて(注6)遅れを取る人のことを「時代遅れ」と言うのは知っ
ているが、車の免許がないからといって、自分の娘に「時代遅れ」と言われる
と、正直いい気分がしない。

　「取れたとしてもどうやって買うんだ」と、もっと声高に(注7)言ったら、
「バイトして頭金(注8)作ってあとはローン組めばいいわよ」と、反論する。

24

「ローンなんて組んでどうやって返すんだ」と、問いただすと、

「あと一年で卒業でしょう。就職したらそんなの大した額じゃないのよ」と追加反論。

　私は、必要性を感じなかったわけではないが、運転免許を取る気がしなかった。というのは、お金の問題よりも運動神経が鈍いので、事故の心配があったからだ。

　高校の友達のうち、免許を持っていない人は、私を入れてたったの三人。持っている人は、満足そうに「やっぱりあると便利だよ。君も今さら要らないとか言わないで早く取ったら。今からでも取った方が人生、倍楽しいぜ。安い軽自動車なら、それほど負担にならないし。なんだったら、最初は安い中古からはじめてもいいよ。時代遅れにも程というものがあるんだよ」。

　「時代遅れ」という言葉を、友人から聞いたばかりなのに、娘にまで同じことを言われ、「自分って本当に時代遅れなのか」と、つくづく考えてみた。しかし、先月、同窓会で聞いたもう一つの話は、「木村さ、車の事故を起こして、今大変だよ」という話だった。そういう話が耳元を離れない限り、自分が免許を取ることはおそらくないと、これでいいと、自らを慰めている。

(注1) もはや：いつの間にか

(注2) 利器：便利な機器

(注3) おびただしい：ものすごい

(注4) 切り出す：相談などを言い出す

(注5) 曰く：言うには

(注6) うとい：よく知らない

(注7) 声高に：大きな声で

(注8) 頭金：契約などをする時、先に払う現金

17 ①半分疑問に思いながらとあるが、どうしてそう思ったのか。

1 娘はまだ大学3年生だから

2 娘はアルバイトが好きではないから

3 娘の大学は近くにあるから

4 娘はまだ運転免許がないから

18 ②もう少し声を高めにして言ったのは、どうしてか。

1 友達はみんな免許を持っていると言われたから

2 「時代遅れ」と言われたから

3 免許を取ると言い出したから

4 アルバイトをすると言い出したから

19 筆者は運転免許についてどう考えているか。

1 必要性を感じてはいるが、お金がかかるので、取りたくない。

2 必要性を感じてはいるが、運動神経が鈍いので前向きに考えていない。

3 娘に遅れを取りたくないので、近く取るつもりでいる。

4 「時代遅れ」と言われ続けたくないので、いずれ免許を取ることを真剣に考えている。

問題14 次のページは旅行会社の案内パフレットである。下の問いに対する答えとして最もよいものを、1・2・3・4から一つ選びなさい。

20 今永さんは、来月のゴールデンウィークを迎え、韓国旅行を計画している。今永さんの休暇は４月２８日から５月４日までである。今永さんは文化遺産や民俗的なことなどに興味があるが、若者の流行やファッションにも強い。勿論グルメ(注1)も大好き。旅行会社への代金の予算は最大４５，０００円を予定している。家が栃木県なので成田空港を利用したい。今永さんが選択できるコースはいくつあるか。

1　1つ

2　2つ

3　3つ

4　4つ

21 尾坂良子さんは、10月の結婚を前に、恋人と韓国旅行を計画している。歴史や文化などにも興味はあるが、今回はとにかく美容にフォーカスを当てたいと思っている。旅行会社への代金の支払いは彼氏(注2)の分を含めて８５，０００～９０，０００万円を想定している(注3)。尾坂さんは、去年友達数人と慶州へ行ったことがあるので、今回は避けたい。尾坂さんが選べるコースはいくつか。

1　1つ

2　2つ

3　3つ

4　4つ

韓国文化旅行　　　　　　　　　　　　　　　　　　ＳＢ旅行社

コース	日　程　及　び　内　容 全商品、出発日を入れて３泊４日 全商品、お宿はＡＢＣホテル！	出発＆到着地 予定時間	料金
Aコース	4/28(土)から5/3(木)まで毎日出発 古い歴史を誇る韓国の歴史に迫る！ ソウルにある故宮をはじめ、 ソウル半径１００キロ以内の 名山・お寺・文化遺跡を探訪する。 最後の日は東大門市場でお買い物！	成田　午前９時 成田　午後５時	44,800円
Bコース	4/28(土)から5/2(水)まで毎日出発 韓国の文化遺産を中心に 名山・お寺・焼肉・ビビンバなどグルメ満載！ ソウルの繁華街でのショッピングは勿論、 江南で極楽エステ！	成田　午前９時 羽田　午後５時	40,000円
Cコース	4/28・5/1(2回のみ)出発 焼肉の本場、韓国！初日は全州のビビンバ。 二日目は水原のカルビ、ご存知ですか。 締めくくりはソウルの故宮巡りと明洞でお散歩 とDuty Freeショッピング！ 男女ペアの場合は、女性のみ究極のエステ！	羽田　午前７時 羽田　午後６時	47,000円
Dコース	5/1・5/3(2回のみ)出発 日本に一番近い釜山で 「釜山港へ帰れ」を歌ってみませんか。 海産物の天国、釜山のあとは千年古都の慶州巡り。 数え切れないほどの文化遺産を誇る慶州！ 慶州を見ずして韓国を語るな！ 勿論エステもついてますよ。	成田　午前９時 成田　午後５時	41700円

Eコース	4/28(土)から5/2(水)まで毎日出発 島全体がすばらしい景観でいっぱいの済州島(チェジュトゥ)。 休火山の島、済州が演出する海と島のコントラスト。南の島の夕焼けはきっとあなたの青春時代を彩る(いろど)に違いない。海女(あま)さんが届けてくれる海の幸(さち)。自然の神秘の数々の洞窟(どうくつ)。力強く落ちる滝(たき)。 そこにはきっとあなたの青春が溶けている。 恋人だから届けたい。 恋人だから分(わ)かち合(あ)いたい(注4)。	成田　午前9時 成田　午後5時	47,000円
Fコース	4/28・5/1(2回のみ)出発 島じゅう景観だらけの済州島のあと、多島海巡り(タドへ)。日本の源流とも言われる百済(クダラ)の各地を訪ね、終着はソウル。明洞でお姫様エステ。東大門市場で韓流(ハンリュウ)スターのグッズの買(か)いあさり(注5)。	羽田　午前5時 成田　午後7時	46,000円

*** 全商品の詳しい情報はH/Pをご覧ください。

*** エステは女性のみ。

(注1) グルメ：食道楽(くいどうらく)
(注2) 彼氏(かれし)：恋人である男性
(注3) 想定(そうてい)している：そう考えて予定する
(注4) 分(わ)かち合(あ)う：お互いに分ける
(注5) 買(か)いあさり：あちこち探して買い集めること

JLPT 급소공략 **N2 독해**

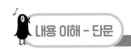

問題10　次の文章を読んで、後の問いに対する答えとして最もよいものを、
　　　　1・2・3・4から一つ選びなさい。

　「1＋1＝2」、これを否定できる者はいないだろう。しかし、これはあくまでも数学的な話であって、世の中、時と場合によっては「1＋1」が「2」以上の意味を持つようなことも少なくない。例えば普通の大きさの家具などは一人では持ち上げることすらできないのに、二人だとより簡単に運ぶことができる。もともと二人(夫婦)だったのが、離婚して一人(独身)になってみると、「2」が「2」でなかったと、切に感じるのである。夫婦は、数字の上では「2」だが、安心感・勇気という観点では「3」にも「4」にもなることに気づくのは別れたあとであることが多い。

(権寧夫、『魂まで愛せなかったら結婚するな』による)

1　この文章で筆者が最も言いたいことは何か。

1　物を運ぶ時は人が多いほどいい。

2　「1＋1＝2」というのは、永遠不滅の真理である。

3　数学的な「2」と人生における「2」は意味が違う。

4　離婚はするべきではない。

　「地球上の氷がどんどん溶けて海面が上昇するおそれがある」と、テレビの
ドキュメンタリー番組で見た。数え切れないほど、たくさんある工場や自動
車、エアコンから出る熱が地球の平均気温を上昇させ、ついには南極や北極
の氷まで溶かしてしまっているというのである。世界各地で異常気象による
集中豪雨、またそれによる洪水が近年目に見えて(注1)多くなっている。森林は
伐採され(注2)、砂漠化も進んでいる。自然の泣き声にこれ以上知らないふりを
することは許されないことである。

(注1) 目に見えて：はっきりと
(注2) 伐採する：樹木を切り取る

2　文中の自然の泣き声と関係が遠いのはどれか。

1　洪水

2　集中豪雨

3　森林の伐採

4　平均気温の上昇

「日本といえば何が思い浮かびますか」と、教え子である留学生に毎年書いてもらっている。今までは「親切」「やさしさ」「先進国」「勤勉」「相撲(注1)」「新幹線」「野球」「ラーメン」など、比較的「聞こえのよい(注2)」返事が多かった。ところが、いつからか、「無気力」「期待はずれ」「希望喪失(注3)」など、否定的な言葉がよく耳に入るようになった。東日本大震災後は特にそうである。日本の中に住んでいる者よりも外から来た人の見方の方が間違いないだろうと思った。

(後略)

(注1) 相撲：二人の選手が丸い砂の円の中で倒すか外に出すかによって勝負を決める
　　　　　　日本伝来の競技
(注2) 聞こえのよい：肯定的な。聞いていて気分のよい
(注3) 喪失：失うこと

3　この文章の内容と合っているものはどれか。

1　最近、日本は以前に比べもっと外の見方を意識するようになった。

2　自然災害の前では、人間はまったく無力である。

3　留学生の日本へのイメージは昔も今も変わりはない。

4　内部からより外部からの方が客観的に見られる。

　　歩くスピードを研究する人がいるらしい。その人によると、日本人の歩く速さは世界でもトップクラスだそうだ。速歩き(注1)の理由はいろいろあるが、「時間に追われているから」がNO.1。「なぜ、時間に追われているんですか」と聞いたところ、「夜遅くまで起きていて、朝ぎりぎり(注2)まで寝ているから」がトップ。「どうして早く眠りにつかないんですか」と、質問したら、「スマートフォンを使ったゲームやインターネットが面白くて、つい長時間やるから」という返事が得られた。

(注1) 速歩き：速く歩くこと
(注2) ぎりぎり：もうそれ以上は時間的余裕のない状態

4　この文章で筆者が最も言いたいことは何か。

　1　日本人の歩き方は世界で一番速い。

　2　スマートフォンの使い過ぎが行動様式を変えている。

　3　スマートフォンの使い過ぎは健康によくない。

　4　夜遅くまで起きていると、寝不足になりやすい。

21世紀の幕開け寸前、ウィンドウズが誕生して以来、コンピューターの普及が急速に増えてきた。

　「コンピューターは詳しくありません」では、もう話にならない。コンピューターを開いてニュースを見たり株価の動きをチェックする。友達のメールを読んだり、ほしいものがあればネットをサーチして買い物をしたりする。

　大学のレポートも添付ファイルで提出するのももう当たり前。会社の仕事など、コンピューターなしではもう成り立たない。便利にはなったが、拘束感を感じる時代になってしまった。

5　どうして筆者は、もう話にならないと言っているか。

　　1　コンピューターがないと買い物が不便だから

　　2　コンピューターはとても便利だから

　　3　コンピューター知らずでは現実生活に困ることが多いから

　　4　ウィンドウズの誕生は画期的な出来事だから

問題11 次の文章を読んで、後の問いに対する答えとして最もよいものを、1・2・3・4から一つ選びなさい。

　ストレスは万病の元とか言われる。まさにその通りだと思うが、果たしてストレスを受けずに社会生活を営めるだろうか。それは無理だろう。

　ストレスの中で、何といっても一番大きいものが職場でのストレスだ。上司と部下、同僚といった社内の組織の人間関係からのもの、そして取引先から受けるものもある。また家庭でもストレスが生じることがある。夫婦喧嘩などがその典型であろう。

　ストレスを受けにくい人もいるようだし、逆にストレスを受け、溜めやすいタイプもいるそうだが、このストレスが原因で様々な病気になったりする。その典型的なものがガンや心臓病や脳の病気だ。　①そんな中でいかにして過重に(注1)受けたストレスを解消していくかということが、人間の幸福にとって、また長生きの鍵となる。自分の好きな趣味を持つことなどが重要だと思うが、趣味生活も時間とお金がないと思うようにいかないものだ。

　②そこでお勧めなのが、ウォーキングとか自宅でできるストレッチ体操などである。

　折りしも(注2)今人気スポーツであるプロ野球のシーズンオフである。選手達は皆それぞれ自主トレ中(注3)であり、個人個人が基礎体力作りに励んでいる。彼らと同様にとはいかないまでも、自分なりの基礎体力トレーニングをして、心身ともに健康になりたいと痛感している。

(注1) 過重に：重すぎるほど
(注2) 折りしも：ちょうど
(注3) 自主トレ中：自主的にトレーニングする期間

6 　①そんなとは何を指しているか。

1　ストレスの中で最も大きいものが職場で受けるさまざまなストレスである。

2　ストレスを受けずに社会生活を送ることは難しいばかりか、ストレスが万病の元となっている。

3　ストレスを受けやすいタイプもいるし、逆に受けにくい人もいる。

4　夫婦喧嘩など、家庭でのストレスが大きな問題となっている。

7 　②そこでとは何を指しているか。

1　ストレス解消のため、プロの野球選手にならって運動しないといけないので

2　ストレス解消が、自分の人生に大きな影響を与えるので

3　ストレスが原因でガンや心臓病、脳の病気になると言われているので

4　ストレス解消も、お金と時間が必要で、それがないとうまくいかないので

8 　この文章で筆者が最も言いたいことは何か。

1　ストレス解消が人間の幸福と長生きにつながるため、職場での人間関係の改善に努力すべきだ。

2　人間の幸福と長生きのためには、家庭での夫婦円満が最も重要である。

3　ストレス解消が人間の幸福と長生きにつながるため、時間とお金がなくてもできるウォーキングやストレッチなどが大切だ。

4　ストレス解消が人間の幸福と長生きにつながるため、プロスポーツの人々と同じ基礎トレーニングをすべきだ。

　故郷は遠くにありて(注1)思うもの、と詠んだ(注2)室生犀星(注3)の有名な詩がある。故郷を離れて遠方に出て行ったとき、懐かしさが募る(注4)というものであろう。

　故郷は生まれ育った場所である。両親や家族、あるいは近所の友人、学校の友人との喜びや悲しみが交じり合った(注5)思い出の場所であり、情のあふれ出るところである。

　私の故郷には、筑波山(注6)が広い平野に雄大な姿を見せている。山の周囲は四方八方なだらかな平地が続いている。その平野の北方に唯一、877mの筑波山がそびえ(注7)、連峰をなしている。そのため①絵を描くと、決まって筑波山と近くを流れる川、そして周辺の田畑という構図になる。

　二十代に故郷を離れ、海外生活が長かったこともあり、長い間故郷を後にして(注8)いた。年に一度ぐらいは実家に帰ることはあっても、旧友とはすっかり縁遠く(注9)なってしまっている。

　最近、日本に戻り、そして職場を変えた。その会社の中で同郷の人に会うことができた。②同郷というだけでその言葉の訛り(注10)がとても懐かしく、自然に親しくなってしまう。

　鮭という魚に代表されるが、川の上流で産卵し稚魚(注11)は親の死骸(注12)をえさに育つ。やがて川を下り、大海原(注13)へと旅立っていく。しかし成長した鮭は子孫を残すため、再び同じ川の上流に戻りそこで産卵する。そしてそこで最期を迎える(注14)。

　人間にとっての故郷も同様なものなのかもしれない。

(注1) 遠くにありて：遠くから
(注2) 詠む：詩歌などを作る

(注3) 室生犀星(1889〜1962)：叙情詩人。小説家

(注4) 募る：ますます強くなる

(注5) 交じり合う：お互いに交じる

(注6) 筑波山：茨城県南西部にある山。日本で１００の有名な山の一つ

(注7) そびえる：山やビルなどが高く立っている

(注8) 後にする：離れる

(注9) 縁遠い：人間関係が遠くなる

(注10) 訛り：標準語ではない地方の言葉。その地域独特のイントネーション

(注11) 稚魚：卵から孵ったばかりの魚

(注12) 死骸：生き物の死んだ体

(注13) 大海原：大きく広々とした海

(注14) 最期を迎える：臨終を迎える。死ぬ

---

9 ①絵を描くと、決まって筑波山と近くを流れる川、そして周辺の田畑という構図になるのはどうしてか。

1 故郷が、広大な平野の中に筑波山が立っているという風景になっているから

2 広大な平野の中に筑波山が立っている風景が、最もすばらしいと教えられてきたから

3 広大な平野の中に筑波山が姿を見せている絵をいつも見てきたから

4 広大な平野の中に筑波山が立っている構図で、絵を描くことを希望していたため

10 ②同郷というだけでその言葉の訛(なま)りがとても懐かしく、自然に親しくなってしまうとあるが、その理由として合わないものはどれか。

1 長い間離れていて故郷に対する懐かしさが強くなったため

2 故郷の人、特にその訛りが懐かしいが、だいぶ忘れているため

3 故郷は家族や友人、そして自然との愛情や思い出が満ち溢(あふ)れているため

4 故郷は遠く離れるほど懐かしさが強くなるため

11 この文章の内容から見て正しくないものはどれか。

1 長い間故郷を離れていると、故郷の人の訛りまでもとても懐かしくなるものだ。

2 故郷の自然は忘れがたく、いつまでも記憶に留(とど)まっている。

3 長い間故郷を離れていると、友人関係も薄くなり、育った自然へのイメージも変わってしまうものだ。

4 鮭も故郷で生まれ故郷で死ぬが、それは人間の一生と似ている。

小惑星(注1)イトカワに向けて探査機「はやぶさ」が2003年5月打ち上げられた。2005年9月イトカワに到着、同11月には微粒子(注2)を採取した。その後帰還することになったが、エンジン故障など相次ぐトラブルが生じ、地球との連絡が取れなくなった。そのため無事帰還することはほとんど不可能と思われていた。

　ところが2010年6月、それまで通信不能になっていた「はやぶさ」が地球に接近し、無事オーストラリアの砂漠地帯に落下したのだ。エンジン故障などのトラブルを自ら克服して数年間かけて地球に戻ってきた。

　①持ち帰った微粒子を調べた結果が出た。それによると小惑星イトカワは直径約20キロの小惑星が一度粉々になった(注3)後、破片が再び集まって誕生したものであることがわかった。微粒子はせいぜい800万年程度しかイトカワ表面にはとどまっておらず、徐々に宇宙空間に飛び散っていった。ピーナッツのような形をした最長部約500メールの小惑星、イトカワは10億年以内に消滅する可能性が高いと言うことだ。

　それにしてもこの「はやぶさ」が無事帰還したということが、②多くの人に勇気と感動を与えた。JAXA(注4)の担当者は「はやぶさの奇跡〜挑戦と復活：意地(注5)と忍耐」というテーマで講演会を行っている。人間も一度挑戦したことが失敗しそうになってもあきらめてはいけない。必ず復活できるときが来る。それまでは忍耐心と意地が必要だ。

(注1) 惑星：太陽の周りを公転する星
(注2) 微粒子：非常に細かい粒子
(注3) 粉々になる：こわれて細かくなる

(注4) ＪＡＸＡ：宇宙航空研究開発機構

(注5) 意地<ruby>意地<rt>いじ</rt></ruby>：どこまでもやり通そうとする気持ち

12 ①持ち帰った微粒子を調べた結果はどうだったか

1 小惑星イトカワは、直径約20キロの小惑星が一度粉々になったものが、その後再び結合してできたものである。

2 小惑星イトカワは、直径約20キロの小惑星が宇宙空間に飛び散ったものの一部である。

3 小惑星イトカワは、直径約20キロの小惑星が800万年程度過ぎたものである。

4 小惑星イトカワは、直径約20キロの小惑星が10億年かけて粉々になったものが再び集まったものである。

13 ②多くの人に勇気と感動を与えたのはなぜか。

1 イトカワが一度粉々になったものが再び集まってできた小惑星であるため

2 相次ぐエンジントラブルが起きたが、地上からのわずかな通信を頼りに無事帰ってきたから

3 地上との交信がない中、相次ぐエンジントラブルを自ら克服して無事地球に帰ってきたため

4 一度挑戦したことは、困難でもあきらめてはいけないと、講演会で訴えているため

14 この文章の内容として最も適切なものはどれか。

1 「はやぶさ」はエンジントラブルなどが続き、地上との交信もできない状態になり、地球に戻るとはほとんど予測不能だった。

2 「はやぶさ」は数年間も通信不能になっており、担当の科学者誰もが忘れていた。

3 小惑星イトカワは、直径約20キロのもので、「はやぶさ」がそれを発見したのは驚くべきことである。

4 「はやぶさの奇跡〜挑戦と復活」というタイトルで講演会が行われているが、コンピューターと人間の違いがテーマである。

問題12 次の文章はたばこの喫煙についてのＡとＢの意見である。二つの文章を読ん
で、後の問いに対する答えとして最もよいものを、１・２・３・４から一つ選び
なさい。

A

たばこが体に悪いことはだれでも知っている。アメリカの元大統領のビル・
クリントンは、「たばこは麻薬だ！」と言い切ったことで有名である。その彼
が、なぜ「麻薬だ！」と言ったのだろうか。一国の大統領として、たばこに関
する弊害(注1)を知り尽くし(注2)国民の健康のために、そう言ったのではないだろ
うか。最近、喫煙者のための「喫煙空間」も必要だと、主張する人がいるよう
だが、正直な話、「馬鹿野郎」と言いたくなる。麻薬の一種だとまで言われる
たばこを吸いやすくするなんて、そんな馬鹿な話はないだろう。吸殻(注3)を勝
手に捨てられるよりは「まし」ではないか、という意見もあるが、良くないこ
とは良くない。喫煙空間を唱える(注4)前に、人に迷惑なたばこを止めたらどう
か。自分がたばこを吸わないから言うのではない。迷惑だから頼みたいので
ある。

(注1) 弊害：害。悪いこと
(注2) 知り尽くす：全部知っている
(注3) 吸殻：たばこを吸って短くなって捨てたもの
(注4) 唱える：主張する

B

　　ラーメンが好きな人がいれば、牛丼(注1)が好きな人もいる。サッカーが大好きな人もいれば、野球が大好きな人もいる。人の趣味・嗜好(注2)は違って当たり前だという意味合いの四字熟語が十人十色である。しかし、物事の良し悪しを自分の好き嫌いの物差し(注3)で計ることが果たして正しいと言えるだろうか。たばこを吸わない人がパチパチ音を立ててガムを噛むのも、ノイズではないか。ガムでパチパチと音を鳴らす自由があるなら、たばこをぷかぷか吸う権利もあるはずだ。たばこの弊害を知らないわけではないが、それよりも「共に生きよう」と叫びながら、「それは困る」という発想が、そもそも間違っている。たばこを吸わない私がこう言うのは、「共に生きる」ことの大切さのためである。たくさんは困るが人が多く集まるような場所に限って、吸える空間を作るのも仕方がないことだと思う。

(注1) 牛丼：牛肉を乗せたご飯
(注2) 嗜好：好み
(注3) 物差し：尺度

15　ＡとＢの内容で共通しているのはどれか。

1　たばこを吸わないＡもＢも、喫煙空間の設置には反対である。

2　ＡもＢもたばこは吸わないが、喫煙空間の設置には賛成である。

3　ＡもＢもたばこは吸わないが、両方、喫煙者に対する理解度は高い。

4　ＡもＢもたばこの「弊害」という言葉を使っている。

16 喫煙場所の設置に対するAとBの考え方で正しいのはどれか。

1 Aは反対であるが、Bは消極的ながら賛成の意向である。

2 Aは賛成であるが、Bは間接的に反対である。

3 AもBも反対である。

4 AもBも賛成である。

問題13　次の文章を読んで、後の問いに対する答えとして最もよいものを、
　　　　1・2・3・4から一つ選びなさい。

　普段、私たちは何気（なにげ）なしにお金を使っている。もう少し正確に言えば、日本に住んでいる日本人だから、普通「円」を使っている。円を稼（かせ）いで円を使う、というのがごく一般的である。

　そのことが「どうして話題になるのか」と言われるかもしれない。しかし、ずっと昔ならともかく、「経済」というのは、いつの間にか世界的規模で考えなければならない時代に入っている。

　たとえば、日本のある会社が、船舶（せんぱく）を造（つく）るための造船所の建設を計画しているとする。自分のお金で、自分が建てたいだけなのに、他社からの勧告（かんこく）(注1)が来たりもする。「今、世界的に船舶は供給過剰（かじょう）の状態にあります。つきましては(注2)、①貴社のなさろうとすることを再検討してください」と。同業種の国内外からの不平（ふへい）じみた(注3)勧告文が来ることもある。

　もう一つ、例を挙げよう。甘くておいしいぶどうを品種改良して、よりおいしいものに作（つく）り替（か）えたとする。甘くておいしいから、結構な値段になる。それを作っている農家は当然潤（うるお）う(注4)。

　そのことが知（し）れ渡（わた）って、全国の他の農家も我先（われさき）に(注5)と、一斉（いっせい）に作り出す。となると、そのぶどうの値段は元のとおり、高い値段で売れるだろうか。そうはいかないはずだ。

　「経済」の持つ意味も時代とともに変わってきている。一国だけの経済を考えるには、世界は狭くなりすぎている。グローバルという言葉は「地球単位」という意味である。グローバルな考え方ができないと、会社も個人も損害を受けやすい時代を、私達は生きている。

　一月の間ずっと働いて、もらったお金は、当分国内で使う分には、その値打ちはあまり変わらない。ものの値段も、ガソリンとか特別なものを除けば、ひどい変わり方はしない。しかし、海外旅行へ行くことになって、それを両替するとなると、話は別である。②個人の場合は、規模が小さいはずだからまだいいが、規模の大きい貿易会社などは、決して無視できない額になる。

　円は確かに日本のお金である。しかし、その値打ちはいつも同じでないということを踏まえて(注6)、レートのいい時にドルに替えたりしておけば、ちょっとした利益を得ることもできる。

　円高・円安をうまく活用すれば、個人でもちょっとした財テクができる時代である。裏を返せば(注7)、もはや世界的な観点で「お金」を考えないと「よろしくない」ということである。あまり知られていないかもしれないが、銀行には外貨を直接、預けたり出したりできる外貨預金もある。これからの時代は、普通口座のみならず、こういったグローバルな口座も一つぐらいあった方がいいかもしれない。

(鈴木政弘、「あなたの円は大丈夫ですか」『市民と銀行、45号』による)

(注1) 勧告：何かをしてほしいという強い勧め

(注2) つきましては：従って

(注3) 不平じみた：不平のような

(注4) 潤う：豊かになる。収入が増える

(注5) 我先に：人に負けまいとして競って

(注6) 踏まえて：考慮して

(注7) 裏を返せば：反対に考えれば

17 ①貴社のなさろうとすることとあるが、何を意味するか。

  1 船舶を売ること

  2 船舶を持つこと

  3 船舶を造ること

  4 造船所を造ること

18 ②個人の場合は、規模が小さいはずだからまだいいが、規模の大きい貿易会社には二つの「規模」が使われている。それぞれの意味は何か。

  1 前の「規模」はお金のこと、後の「規模」は輸入量のこと

  2 前の「規模」はお金のこと、後の「規模」は会社の取引額の大きさのこと

  3 前の「規模」は会社の大きさ、後の「規模」は輸出量のこと

  4 前の「規模」は会社の取引額の大きさ、後の「規模」は輸入量のこと

19 筆者が言いたいこととして最も正しいものはどれか。

  1 円安の時にドルを買うのがいい、ということ

  2 円高の時にドルを買うのがいい、ということ

  3 グローバルなお金の使い方と、銀行口座の紹介

  4 グローバルな経済観念の大事さと、銀行の利用法の紹介

問題14　次のページは仲村歯科医院の診療時間割である。下の問いに対する答えとして
　　　　最もよいものを、１・２・３・４から一つ選びなさい。

20　東京のある自動車部品会社の社員横山さんは、最近、原因不明の歯痛で苦しん
　　でいる。けさ(月曜)、ある歯科医院の前を通る時、診療時間のメモをとって来
　　た。横山さんは水曜の午前はずっと現場で生産監督。12時に客と昼ご飯の約
　　束。午後から出張、会社復帰は木曜の午後。土曜は親戚の結婚式のため、四国
　　へ行くことになっている。仲村歯科医院は予約制で、２日前までに予約しない
　　と診てもらえない。今週の金曜日は先生が学会で発表をするため、一日じゅう
　　休診。横山さんが一番早く診療を受けられるのはいつか。

　　1　今週の火曜日の午後

　　2　今週の水曜日の午前

　　3　来週の月曜日

　　4　来週の火曜日

21　横山さんの出張が相手会社の都合により、延期になり、来週の月曜日に行くこ
　　とになった。予約のキャンセルの電話をして、新しい診療日を決めてもらっ
　　た。横山さんが一番早く診療を受けることができるのはいつか。

　　1　今週の水曜日の午前

　　2　今週の水曜日の午後

　　3　今週の木曜日の午前

　　4　来週の火曜日の午前

仲村歯科医院の診療時間割(☆は休診)

	月曜日	火曜日	水曜日	木曜日	金曜日	土曜日	日曜日
午前	9〜12時	9〜12時	9〜12時	9〜12時	10〜13時	10〜14時 (第1・3)	☆
昼休み	☆	☆	☆	☆	☆	13〜17時 (第2・4)	
午後	13〜16時	13〜17時	☆	☆	14〜20時		

JLPT 급소공략 N2 독해

問題10　次の文章を読んで、後の問いに対する答えとして最もよいものを、
　　　　1・2・3・4から一つ選びなさい。

　　仕事を進めるにおいて、結果が大事か過程が大事か、と聞かれたらあなた
はどう答えるだろうか。人によって、仕事の性格によって前者と答える人も
いるだろうし、後者を重んじる人もいるはずだ。だから「これが正解だ」と言
い切ることはできない。しかし、60年間生きて、その3分の2を会社で費や
した自分からすれば、リザルト(結果)よりプロセス(過程)に重きを置いた(注1)
方が、最終的に良い結果に終わったことが多いように感じるのである。

(注1) 重きを置く：重要に考える

---

① 　筆者は仕事の進め方をどう考えているか。

1 結論として、過程を優先すべきだと思っている。

2 結論として、結果に重点を置くべきだと思っている。

3 過程も結果も大事なので、優先順位を決めるのは難しいと思っている。

4 仕事の性格によって、過程と結果の優先順位を決めるべきだと思っている。

　医学の発達によって、人間の平均寿命（じゅみょう）がぐんと伸びてきている。長生きに関心を持たない人間などいるはずがない。「古稀（こき）」とは、「古くから稀（まれ）だった」という意味で、70歳を意味する。しかし、80歳、90歳を超える人がざらに(注1)いるこの国で、「古稀」なんて、まだまだ「赤ちゃんの類（たぐい）(注2)」である。幸せの基準は健康、富（とみ）、名誉（めいよ）などいろいろあるが、これからは「美しく老いる（お）」もその中に入れるべき項目ではないだろうか。「古稀」はもう「古記（こき）(注3)」かもしれない。

(注1) ざらに：いくらでもあって珍しくない
(注2) 類（たぐい）：同じ種類
(注3) 古記（こき）：古い記録

2　この文章で筆者が最も言いたいことは何か。

1　医学の発達によって、人間の平均寿命が大きく伸びている。

2　長生きに関心を持つ人が非常に増加している。

3　平均寿命が伸びた分、歳（とし）を示す言葉を直すべきだ。

4　平均寿命が伸びた分、年寄りの生き方の意味を考え直すべきだ。

人間の体は、一人一人違いはあるものの、10代後半から老化が始まると言い切る仲間(注1)がいる。食生活や体の使い方、遺伝的要素などによって差があるものの、<u>それは確かなようである</u>。中年・壮年・老年とかの言葉があるにはあるが、成長が止まった10代の後半、それは訪れる。だとすれば、老後の準備は50代や60代の話ではなくて、成人式を迎えたあたりからもう始めなければならないわけか。(後略)

(注1) 仲間：友達。ここでは「同僚の医師」

3　文中の<u>それは確かなようである</u>とあるが、何が確かなのか。

1 10代後半から老後が始まること

2 10代後半から老化が始まること

3 人間の体は一人一人違うということ

4 食生活や体の使い具合によって老化の表れが違うということ

　紙がなくなりつつある。通信機器（きき）のとどまる所を知らない発達は、紙の座（ざ）を猛烈（もうれつ）な勢いで奪いはじめている。新聞の代わりとして携帯用のスマートフォンでニュースを読む人が増えている。

　会社の会議も書類の代わりにノートパソコンやiPad(アイパッド)を開いてやる。数十枚の書類も、Ｅメールで簡単に送ることができる。ファックスが出た時の驚きなど、もう昔の話だ。だからといって紙の文化が完全になくなるとは思わないが、この勢いは確かに強すぎる。

4　文中のこの勢いとは何を指すか。

1　とどまる所を知らない紙文化の発達

2　スマートフォンでニュースを読む人が増えること

3　紙の文化が完全になくなること

4　紙を使わなくなること

最近、最も深刻な現代病の一つが、パソコン依存症(いぞんしょう)ではないかと思う。帰宅後、コンピューターを立ち上げ、メールを確認したり、少しでもゲームをやらないと、私の場合、まず眠れない。携帯電話を家に忘れて出ると、焦って仕事が手につかない、と言う人がほとんどだ。いわゆる携帯電話依存症。ましてや(注1)コンピューターの機能と携帯電話の機能を兼ね備えているスマートフォンとなると、たった一日なのに、一週間のように長く感じる。便利になったが、病気も増えた感じがしないでもない。

(注1) ましてや：なおさら。それにもまして

5　この文章で筆者が最も言いたいことは何か。

1　便利にならなかったことが結果として良かった。

2　便利になった分、頼りすぎてしまうのは考え物だ。

3　便利にならなくてもいいから、病気は増えないでほしい。

4　現代病の特徴は依存症にある。

問題11　次の文章を読んで、後の問いに対する答えとして最もよいものを、
　　　　1・2・3・4から一つ選びなさい。

「お金はよい召使(注1)であるが悪い主人でもある」これはイギリスの哲学者フランシスコ・ベーコンが述べた言葉である。この言葉の意味を考えてみた。

まず①「お金はよい召使である」ということから考察しよう。お金があればおいしいものが食べられ、おしゃれな気に入った服装を身につけられる。そして、好きな場所で好みに合った住宅に住める。もちろんすばらしい観光地に旅行もできる。また、大学や大学院などで自分のやりたい勉強もでき、会社であれ、学校であれ、創立することも可能だ。

当然、困った人や社会にお金を寄付することにより、達成感や満足感も得られるだろう。事実ビルゲイツなどは、多額のお金を社会に還元し(注2)ガンや様々な研究分野に貢献している。

ここでもう一つの面である②「お金は悪い主人である」ということを見てみたい。

まずお金が神のごとく絶対視されるということだ。金のためなら倫理道徳や法律から外れたことでも平気でやる人がいる。盗み、詐欺、売春、あげくの果て(注3)は保険金目当ての殺人事件まで。そしてこれらは毎日のようにニュースで報道されている。

このようにお金は時に応じてよい召使になったり、悪い主人になったりする。我々はこのことを十分理解して、人を不幸にさせる悪い主人には仕え(注4)ないように心すべき(注5)である。

(注1) 召使：人の家に雇われて、洗濯や掃除、その他、いろいろな家事をする人

(注2) 還元する：戻す

(注3) あげくの果て：結局

(注4) 仕える：奉仕する。その人のために尽くす

(注5) 心すべきだ：気を配るべきだ。注意すべきだ

6 ①お金はよい召使であるに当たらないものに最も近いものはどれか。

1 新婚旅行として憧れのハワイ島へ出かけた。

2 誕生日のプレゼントとして、妻が気に入っているワンピースを買ってあげた。

3 医大に合格できるようにと、不正な巨額の寄付金を大学に送った。

4 お金がなくて進学できない孤児のために、今まで貯めたお金を寄付した。

7 ②お金は悪い主人であるに当たらないものはどれか。

1 株式が上がれば利益が多くなるので、事実とは少し違う会社情報を流した。

2 ピアニストになりたいので、音大に入るため、費用がかかる大学教授の個人レッスンを受けた。

3 サッカー大会で優勝するため、試合の前日、審判に特別なプレゼントを与えた。

4 デパートで誰にも分からないように、高価な時計をポケットに入れた。

8 この文章で筆者が最も言いたいことは何か。

1 お金は人間の願いを何でも実現してくれるので、これほどありがたいものは
ない。

2 お金は人間を悪い方向へ導く場合が多いので、あまり持とうとしないほうが
よい。

3 お金持ちは財産相続時、兄弟が争いやすいので、注意すべきだ。

4 お金は使い方、目的により善にも悪にもなる、ということをよく知らなけれ
ばならない。

中高生を中心にした、新しい教育(人格および人間性教育)が広まりつつある。

海外の教育をヒントにして始まったもので、世界的ベストセラー『七つの習慣』をもとにした教育だ。この本はアメリカの教育者スティーブ・R・コヴィー氏の著書である。主体性や誠実さ、協調性(注1)といった人格の重要性を説き(注2)、多くの企業が研修に取り入れる①ビジネス書の古典的存在である。

この内容に基づいて子供向けの教育プログラムを展開し「七つの習慣」を教える塾(注3)は全国で214校に上り、私立中高校にも広がって、現在導入校は全国で87校ぐらいになっているという。

この教育では子供達が自尊心、目標計画の立て方から人に信頼される態度まで実践的に学んでいる。中2のある生徒は「自分の感情や反応は選択できるという考え方を学び、確実に新しい自分が生まれた。」という。人間関係や勉強で悩んだとき、その授業を思い出して対応するというから、すばらしいものである。

学校では教科しか教えられず、両親も仕事で忙しい。そして中高生も受験勉強に追われ、人間性や正しい考え方などの教育を受ける機会が少ない。この教育プログラムは彼らの人格づくり、人間性教育に大きく貢献するものと②期待が集まっている。

(注1) 協調性：利害が対立したり、性格や意見が違っている場合、互いに譲歩して調和を保とうとする性質

(注2) 説く：説明する。述べる

(注3) 塾：生徒を教育する私設の学校

9　①ビジネス書の古典的存在とはどういうことか。

1 多くの会社が古くからこの『七つの習慣』をもとにした社員研修を行っている。

2 多くの会社が百年以上前の歴史的古典教材を用いて、社員研修を行ってきた。

3 多くの会社がこの『七つの習慣』より、もっと前の古典教材で社員研修を行っている。

4 多くの会社が『七つの習慣』をはじめとした、数多くの世界的ベストセラーで研修を行っている。

10　②期待が集まっているのはなぜか。

1 人間関係や勉強に悩んだとき気分転換ができるので

2 学校では受験勉強中心だが、家庭でこの教育を行うことができるので

3 学校でも人間性教育をしているが、この「七つの習慣」教育はその不足分を補えるので

4 学校では受験中心の勉強がほとんどで、人間性や人格の教育がなされていないために

11　この文章の内容と合わないものはどれか。

1 受験勉強で忙しく、悩みも多い中高生のために、新しい人格および人間性教育が拡大している。

2 「七つの習慣」をもとにした教育では、主体性および独自性を持つことにポイントが置かれている。

3 中高校や塾でもこの「七つの習慣」教育が増えつつあり、学校教育の不足を補うことができる。

4 「七つの習慣」教育は、人間性教育が主流であり、古くから企業でも取り入れられている。

アメ横こそ下町(注1)の心臓部であるという。アメ横、つまりアメヤ横丁(注2)であるが、およそ400メートルの通りに約400軒の店が並んでいる。

ここができたのは戦後間もないころである。当時は飴を売る店が200軒以上あり、それでこの名前がついたのである。その後、在日米軍の兵士達が持ち込んだアクセサリーや電気製品などが売られるようになって、別名のアメリカ横町が誕生したらしい。現在はこの①二つの理由で通称アメ横となっている。

アメ横は言うまでもなくショッピングのためのスポット(注3)であり、毎年暮れになると買物風景がテレビなどで報道されている。

仕事柄(注4)たびたびアメ横に行ったりするが、いつも行き来する人で混雑している。値段も交渉次第で安くしてもらえる。特に鮮魚類は夕方近くに行くと半値ぐらいまで値引きができる。JRの上野駅と御徒町駅の間にあって、交通の便もよく週末などには売り子(注5)の大声が響きわたる。

最近は外国人も店を構え(注6)、トルコ人などの店もオープンしている。アメ横は安さが特徴であり、海外有名ブランド品を20～30%オフの値段で買うことも可能だ。

また、有名な観光スポットである浅草からも近く、外国人観光客も多いため、国際色豊かである。行ってみてそして買物してみて、②まさしく(注7)ここが下町の心臓部だと実感させられる。

(注1) 下町：都会で海や川に近い、商工業者の多く集まっている地域

(注2) 横丁：表通りから横に入った通り

(注3) スポット：場所・地点

(注4) 仕事柄：仕事の性格上

(注5) 売り子：客に商品を売る仕事をする人

(注6) 構える：出す

(注7) まさしく：確かに

12　①二つの理由とは何を指すか。

1　戦後、アメリカ人が飴を売る店を出していたため

2　戦後、飴を売る店が多かったのと、アメリカ人が店を出してアクセサリーや
電気製品を売っていたため

3　戦後、飴を売る店が多かったのと、アメリカ人が持ってきたアクセサリーや
電気製品が売られていたため

4　戦後、日本の飴とアメリカの飴を売る店が200軒以上あったため

13　②まさしくここが下町の心臓部だと実感させられるのはどうしてか。

1　毎年、買物風景がテレビで報道され、400メートルの通りに400軒の店が集
中し、安売りや外国人客も多いので

2　毎年、買物風景がテレビで報道され、飴を売る店も200軒あり、アメリカか
らの電気製品も売っているので

3　毎年、買物風景がテレビで報道され、400メートルの通りに400軒の店が集
中し、人も店も多すぎるので

4　毎年、買物風景がテレビで報道されているし、アメ横は安売りが特徴であ
り、日本一安い価格で買えるので

14　この文章の内容に対して適切でないのはどれか。

1　アメ横は交通の便がよく、人がたくさん集まるし、年末にはその風景がテレ
ビで放映されている。

2　アメ横は交渉すると、商品の値段も安くしてもらえ、夕方などは特に値引き
ができる。

3　アメ横では海外有名ブランド品でも、かなり安く買うことができ、人気がある。

4　アメ横は有名な観光スポット浅草からも近く、昔から多くの外国人が来て店
を出している。

종합 이해

問題12　次の文章は朝食を抜くことについてのAとBの意見である。二つの文章を読んで、後の問いに対する答えとして最もよいものを、１・２・３・４から一つ選びなさい。

A

　「朝ご飯を抜くと体が元気になる」という内容を盛り込んだ(注1)本がベストセラーになっているそうだが、私もそれを実感している一人である。数年前、胃もたれ(注2)がひどくなって、それ以来自家療法(注3)で朝ご飯を抜いている。それが効いたのかどうか（効いたと信じるが）、胃もたれがすっかりなくなった。まだ例の本を手に取って読んではいないが、身に覚えがある(注4)者として、ぜひ一読したいと思っている。ただ、どこの国もどこの民族も一日三食がごく普通だから、朝ご飯抜きの食生活が本当に問題ないのか、疑問は残る。しかし、体は正直だし、元気になったのも事実だから、その本の主張に同感である。

(注1) 盛り込む：載せる。書く
(注2) 胃もたれ：消化がうまくできず、胃が重い感じの症状
(注3) 自家療法：医学的な根拠よりも自分なりの判断で行う治療法
(注4) 身に覚えがある：何かを経験した記憶がある
　　　　　　　　　つまり、胃もたれが治った経験がある

66

B

「朝ご飯を抜くと体が元気になる」という内容の本が大評判だそうだが、私は
それは危険な発想だと思う。人間は夜間、眠りについて(注1)休みを取っている。
しかし、休みを取っている間でも、カロリーの消化は進み、朝になると空腹
感を覚える。だから「朝ご飯」を取るわけである。

　朝ご飯を取らないと、体の中にエネルギーが十分に行き届かないわけで、
仕事や勉強の能率や効果に影響を与える。事実、朝食を取っている学生と抜
いている学生とでは、学業成績に大きな差があるという統計結果も出てい
る。夜食を取ったり二日酔いで翌朝消化不良を起こしている場合は、無理し
て食べない方がよい。ただ基本的に朝食は、抜くべきではない。

(注1) 眠りにつく：寝る

15　朝食を抜くことに対するAとBの立場で正しいのはどれか。

1　AもBも同感である。

2　AもBも同感でない。

3　Aは同感していないが、Bは部分的に同感である。

4　Aは同感だが、Bは同感していない。

16 AとBのコラムの内容として正しいのはどれか。

1 Aは、評判の本の内容に賛成だが、確認のために、買って読みたいと考えている。Bは、朝食を取らないことには問題があると考えている。

2 Aは、評判の本の内容に賛成だが、確認のために、買って読みたいと考えている。Bは、朝食の習慣の違いを論じている。

3 Aは、評判の本の内容に賛成だから、わざわざ買って読みたいとは思っていない。Bは、本の内容を調べるために、購入して読んでみたいと考えている。

4 Aは、評判の本の内容に同感しないけれども、買って読みたいと考えている。Bは、評判の本の内容に同感するので、買う必要性を感じていない。

問題13 次の文章を読んで、後の問いに対する答えとして最もよいものを、1・2・3・4から一つ選びなさい。

男に生まれるか女に生まれるかは性染色体（せいせんしょくたい）によって決まるという。自らが願って男に、あるいは女に生まれることはできない。男であれ、女であれ、とにかく人間であることに変わりはない。人間である以上、長生き（ながい）への希望を持たない人はいないはずだ。

医学の専門的な知識を借りなくても、国、民族を問わず大概（たいがい）、女の人が長生きする。腰の曲がったおばあさんはよく見かけても、反対の場合は、あまり見ない。①その一つを取っても、女性の長寿者（ちょうじゅしゃ）が多いことが言えるだろう。

それはなぜか、ということだが、大概、男の人は外で糧（かて）（注1）を得る上で、多大なストレスを受けやすい。それが原因で命が縮まる（ちぢ）（注2）というのは、動物の実験でも明らかになっている。

反面、女の人は、男の人が得て来た糧で調理して家族に与え、洗濯をし、また子育て（こそだ）を主に任される。共稼ぎ（ともかせ）の時代に入って久しいことは否定できないが、糧の量にしろ、質にしろ、まだ②その本来的な姿は大きく崩れて（くず）いないことも否めない（いな）（注3）。

男の人は、外で糧を得るまで、見ず知らずの人と、よくも悪くも（わる）（注4）競争を強いられる事が多い。当然ストレスも受けやすい。しかし、女の人は、家庭内での生活が長く、ぶつかるような事があっても、それは身内とのことだから受けるストレスも比較的軽いはず。

男性の場合は、女性に比べ、病気やケガ、事故などが起こりやすい環境の中に露出（ろしゅつ）されていることも平均寿命（じゅみょう）を縮める原因だと言うが、でも、やはり一番の原因はストレスに違いないだろう。

そこで、長生きするための妙案_{みょうあん}というものはないか、ということになるが、二つのことを提案したい。

　まず、一つ目はふだんからあまりストレスを感じないようにすること。応援するチームが勝ったの負けたのと、自らストレスを作っている。それより、試合自体を楽しんだらどうかと思う。

　二つ目は、ストレスを減らせるような趣味を持つこと。とはいっても、それにも時間とお金がかかるわけで、それがまた新たなストレスになるのではないか、と言うかもしれない。

　でも、それぐらいの投資もしないで、ストレスが解消できるかと、反問したい。探せばお金も時間もあまりからないで済むものも、きっとあるはずだ。面白くて熱中できる何かを持っている人と、そうでない人の間には、平均寿命の差というものが、確かに存在するという調査結果が何よりもそのことを如実に(注5)物語っている。

(田村吉次郎、『ストレスを無くせば長生きができる』による)

(注1) 糧_{かて}：食糧またはお金

(注2) 縮_{ちぢ}まる：短くなる

(注3) 否_{いな}めない：否定できない

(注4) よくも悪_{わる}くも：願っても願わなくても

(注5) 如実_{にょじつ}に：事実_{じじつ}の通り、ありのまま

17 ①その一つを取ってもとあるが、これは何を指すか。

1 人間である以上、長生きへの希望を持つこと

2 国、民族を問わず、ほとんど女の人の方が長生きすること

3 腰の曲がった老人は男性より女性の方が少ないこと

4 性染色体で男女が決まること

18 ②その本来的な姿というのは、どういう意味か。

1 一家を支えるための糧を得ることは、主に男の人がやるということ

2 一家を支えるための糧を得ることは、主に女の人がやるということ

3 一家を支えるための糧を得ることは、男と女が同時にやるということ

4 一家を支えるための糧を得ることは、共働きによってできるということ

19 この文章の内容として正しくないものはどれか。

1 ストレスが原因で長生きできない男性が多い。

2 ストレスを減らすためには趣味を持つことが大事だ。

3 野球とかサッカーなどを見ながら勝負に喜んだり悲しんだりした方がよい。

4 趣味にもお金と時間がかかるが、それはやむを得ない。

問題14　右のページはあるテレコム会社の案内パンフレットである。下の問いに対する
　　　　答えとして最もよいものを、１・２・３・４から一つ選びなさい。

20　本間さんは、普段昼間スマートフォンをよく使い、一ヶ月平均8,000円ぐらい払っ
　　ている。今年大学を出て就職することが内定している(注1)。これからの会社生活
　　に合わせて、より条件のいいＡＢＣテレコムに換えようと思っている。もし、
　　本間さんが今までとあまり変わらない使い方をすることを前提とすると、今後
　　払う電話料金はいくらぐらいになるか。契約期間は３年を考えている。

　　１　5,000円ぐらい

　　２　5,600円ぐらい

　　３　6,000円ぐらい

　　４　6,600円ぐらい

21　田村さんはビジネスマンで、普段携帯メール(注2)をよく使う。それで、メールがた
　　くさん送れる制度に入ろうと考えている。田村さんの誕生日は３月31日であ
　　る。もし田村さんが、３年間の契約をすると、月間無料で送れる携帯メール
　　の件数は何件になるか。

　　１　250件

　　２　350件

　　３　450件

　　４　500件

料　金　制	特　典	契約期間 １年以上 月間無料 携帯メール	契約期間 ２年以上 月間無料 携帯メール	契約期間 ３年以上 月間無料 携帯メール
ニュー スプリング制	この春、入学した方にはとにかく２割引。 ２年以上契約の場合は２５％、 ３年以上はなんと３割引！	50件	100件	150件
恋人 ラブラブ制	満１９歳から２９歳までの未婚の男女が 同時に加入すると、毎日深夜11時から 午前８時までの通話料金は５０％オフ。 土曜・日曜の零時から午前８時までは 通常の３０％！ ３年以上の契約者には 別途５０件の無料メールサービスを プラスしちゃう！	100件	150件	200件
ビジネス バリバリ制	お仕事バリバリのあなたにぴったり。 現在サラリーマンか就職内定者大歓迎！ ２年以上の契約者には２５％、 ３年以上はなんと３割引！	100件	150件	250件
携帯メール ラクラク送信制	携帯メールをたくさんお使いのあなた、 この春の大キャンペーン中にご加入の方 に限り、うんとサービスしちゃう！	250件	300件	400件

*** ご注意：ここで使われている「携帯メール」とは、100文字までの短文を意味します。
　　　　　詳しくはH/Pをご覧ください。

　　　　☆☆☆ご注目！！　バースデー　ダブルチャンス！！！☆☆☆

３月１日から31日までの間にお誕生日の人は、どの料金制度に加入しても、無料メールをさらにプラス！２年以上の契約の場合は50件、３年以上だと100件も別途プレゼントしちゃう！

(注1) 内定する：もともと内部決定の意味だが、現に「決定」とほぼ同意である
(注2) 携帯メール：文字メッセージと同意

JLPT 급소공략 **N2 독해**

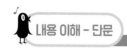

問題10　次の文章を読んで、後の問いに対する答えとして最もよいものを、
　　　　　1・2・3・4から一つ選びなさい。

　　祖父が亡くなったのは約10年前のこと。98歳だったので、ほぼ1世紀を生き抜いた。晩年、記憶力が少し弱くなったくらいで、視力にも聴力にも特に問題はなかった。祖父は、ときおり孫の私を呼んで、昔の話をよく聞かせてくれた。嫌になるほど、たくさん言い聞かされたのが、ゴミの話。自然のサイクルどおり生きればゴミは出ないと力説(注1)していた。ゴミ処理場で働いてもう30年。歳を重ねていけばいくほど、お祖父さんが恋しくなる。

（注1）力説：強調

1　この文章の内容から筆者が最も言いたいことは何か。

　1　お祖父さんに、いつもかわいがられていた。

　2　お祖父さんは、健康に問題が全くなかった。

　3　年々ゴミの問題が深刻になってきている。

　4　長年、ゴミ処理場で働いてだんだん疲れてきた。

　間違いなく双子なのに、僕と兄貴(注1)の性格は全く正反対。音楽が好きで詩を読んだり、絵を描いたりする静かな性格の兄とは反対に、僕は暗くなるまで外でサッカーや野球に興じる活動的な性格。よく周りから、「双子なのに本当に性格が違うわ」とか、「双子なのにこんなに違っていいの」とか言われていた。しかし、僕に言わせれば、それは外見と中身の違いを知らないことにしかならない。ゆで玉子と生玉子は形は同じでも、中身が違うように。

(注1) 兄貴：「兄」と同じ意味で、やや親しみが入る

2　この文章の内容と合っているものはどれか。

1　静かな性格の僕とは反対に、兄は活動的である。

2　活動的な性格の僕とは反対に、兄は静かな性格の持ち主である。

3　積極的な僕とは反対に、兄は消極的である。

4　兄はゆで玉子が好きだが、僕は生玉子が好きである。

『買い物の仕方』という本がベストセラーになっているそうだ。それによると、高い物の特徴は見かけが良い上、長持ちし、安っぽい物はデザインは言うに及ばず(注1)、寿命も短いそうである。高くついても安物(注2)を数回買うよりは、「よろしい」というのである。長い目で見るか、目の前のことを考えるか、であろう。

　無論、お金の余裕があれば何も心配要らない。何はともあれ、高い物のよさを悪用する、形だけの安物にはだまされないように、とその本はしめくくっている。

(注1) 言うに及ばず：言うまでもなく
(注2) 安物：値が安いもの

3　ベストセラーの著者が最も言いたいことは何か。

1　金銭事情が悪くても、高い物にはそれなりの良さがあることを知るべきだ。

2　物の値段よりも、品物が良いか悪いかに気をつけるべきだ。

3　質の落ちる安物を、高い値段で買ったりしないように注意すべきだ。

4　質の落ちる安物の見かけにだまされず、合理的な買い物をするべきだ。

　コンピューターとインターネットの急速な発達で、われわれは今までに経験していない情報氾濫(注1)の中に生きている。コンピューターまたはインターネットが自由に使えないと、不便どころか多くのチャンスを逃す可能性さえある。ちょっとした調べ物のために、朝早くから図書館に駆けつけた学生時代が記憶に新しい(注2)。とはいうものの、情報の妥当性や質の良否(注3)、また、その取捨選択など、悩ましいことも増えている。便利になったようで、頭の痛い時代へと確かに突入している。

(注1) 氾濫：多すぎてあふれていること
(注2) 記憶に新しい：忘れないで、よく覚えている
(注3) 良否：良いことと良くないこと

---

④　この文章で筆者が最も言いたいことは何か。

1　情報の量よりも質に気をつけるべきだ。

2　情報の取捨選択で、頭が痛いのは問題だ。

3　情報の過剰で新たな悩みが増えたのは間違いない。

4　インターネットが自由に使えないと不便でしかたがない。

カードと言われて、何を指すか分からないくらい「カード」が増えている。クリスマスカード、ネームカード、キャッシュカード、ポイントカード、メモリーカードなどなど、種類も多い。カードの材質も紙からプラスチック、チップと様変わり(注1)している。

　　ある言葉に他の言葉がついた言葉を複合語という。複合語は社会の発展とか複雑化を意味する。例えば、道路⇒高速道路でも分かるように。長くなった言葉を全部言うのは面倒だから、縮めて言うのだが、それが例のように誤解を生じさせるわけである。

(注1) 様変わり：様子がすっかり変わること

5　文中の例のようには何を指すか。

1　道路のように

2　高速道路のように

3　複合語のように

4　カードのように

問題11　次の文章を読んで、後の問いに対する答えとして最もよいものを、
　　　　１・２・３・４から一つ選びなさい。

七転び八起きとは、達磨(注1)に象徴されるように、何度転んでも再び奮い立って(注2)起き上がり、頑張っていくという内容である。多くの人が耳にする言葉だが、そのごとくの人生を歩んだ(注3)人もけっこういる。彼らに共通するものの一つに、幼少期の不幸な記憶がある。子供のときに親を亡くしたり、友人からのいじめ(注4)を受けたり、また健康を失ったりして、精神的苦労や経済的苦労などを経験する。

しかし①その時の逆境体験が「ばね(注5)」となり、ハングリー精神や強いチャレンジ精神を育てている。結果的にそれが後の活躍や発展の土台になっているのだ。

逆に順風満帆(注6)な人生を歩んできて、突然の苦境(注7)に立たされると、もろい(注8)人も案外多い。

一方で、子供のころからの自分の環境に対して恨み(注9)を持ち、アウトサイダー的になって、犯罪を犯したり、裏の世界に入っていく人もいることはまた事実である。

七転び八起きの人生を歩んでいる人には、必ず誰か援助者がいるものだ。本当に困った時、有形無形の助けを受け、越えていく場合も多い。はたから見れば単に運がよかったとも言えるが、②目に見えない天の助けが働いたのであろう。実は背後に信心深い(注10)母親の存在があったりする。母親の子を思う切実な祈りが天に届いたのだと思えてならない。

(注1) 達磨：達磨大師が座禅した姿に作った置物
(注2) 奮い立って：勇気を出して
(注3) そのごとくの人生を歩む：そのような人生を生きる

(注4) いじめ：弱いものを痛めつける行為

(注5) ばね：スプリング。ここでは「契機」の意味

(注6) 順風満帆：非常に順調でうまくいくこと

(注7) 苦境：苦しい状態

(注8) もろい：弱い

(注9) 恨み：やられたことをやり返したいと思うこと

(注10) 信心深い：信仰心の強い

6　①その時の逆境体験とはどのようなものか。

1　幼少期に友人からいじめられたり、逆に友人をいじめたりした体験

2　子供のころ、何度転んでも奮い立って起き上がり、頑張った体験

3　子供のころ、親が死んだり自分が病気になったり友人から痛めつけられた体験

4　子供のころ、達磨のように修練した体験

7　②目に見えない天の助けが働いたのであろうと筆者が考えた理由は何か。

1　順風満帆な人には必ず援助者がいて、熱心に祈ってくれるから

2　七転び八起きする人には、よく信仰深い母親がいて、子供のために一生懸命祈っているから

3　七転び八起きする人は、必ずハングリー精神やチャレンジ精神を持って頑張るから

4　七転び八起きする人は、順風満帆な人生を歩んだことがないから

8 この文章で筆者が最も言いたいことは何か。

1 人生で七転び八起きして頑張り成功していく人は、案外、幼少期に不幸を経験しており、またそれを見て祈る母や天の助けがあるものだ。

2 人生において幼少期の不幸は、必ずばねとなるので、悪いとばかり取らなくてもいい。

3 人間は不幸が続いたらアウトサイダー的人生を歩みやすくなる。

4 子供の時、不幸を経験している人で、案外成功者が多い。

今、日本が抱えている問題の一つに高齢化の問題がある。高齢化がますます進み、いわゆる高齢者と呼ばれる65歳以上の人がなんと28%近くも占めている。20〜30年前からの飛躍的な医療技術の進歩のおかげで平均寿命がかなり伸び、その結果、①このような現象がますます深刻になってきている。

ずいぶん昔は、「古稀(注1)」と言って、人生70歳を生きることはとても稀な(注2)ことだとされていたが、男女の平均寿命が80歳を超える今は「古稀」という言葉も②要らなくなくなったと言える。

人間として生まれた以上、誰でも末長く幸せに生きたいという願いを持つものだ。寿命が伸びたのは確かにいいことだと思うが、定年退職の年齢がその分伸びたという話はあまり聞かない。

考えようによっては、人間の持って生まれる体力というものは、昔と今とでさほど(注3)違いがないことの証拠かもしれない。医療技術の急速な発達で平均寿命こそ伸びたものの、実際働ける期間はそれほど伸びていないということになる。

人によって自営業を営んだりするケースもあるので、一概には言えない(注4)が、普通に考えて65歳、70歳を超える場合、労働力もかなり低下するものと見ていいはずだ。

分かりやすく言えば、労働力の低下した人口が増えることが「高齢化」の真の意味なのである。

高齢化の問題と同時に、子供をあまり産まなくなった「少子化」も大きな問題である。高齢者が増えていくのも大きな問題なのに、新しい生命が誕生しなくなるのもかなりの不安材料である。子供が産まれなくなると、経済産業面において活力を失いがちで、その影響はかなり大きい。

　　今日本は、高齢化社会、少子化社会の問題を抱えたまま、先が見えない海の中を航行中である。

(注1) 古稀：年齢を表わす言葉。70歳の意味

(注2) 稀な：めずらしい・ほとんどない

(注3) さほど：それほど

(注4) 一概には言えない：かならずしも同じだとは言えないが

9　①このような現象とは何を意味するか。

1　高齢化現象

2　少子化現象

3　医療技術の進歩

4　平均寿命が伸びたこと

10　②要らなくなったとあるが、なぜこう言っているか。

1　昔の言葉は現代には合わないから

2　昔の言葉は古いから

3　65歳以上の人が増えたから

4　平均寿命が70歳をはるかに超えているから

11 この文章を通して筆者が最も言いたいことは何か。

1 子供が産まれなくなる上、高齢者が増えていくのは大きな不安材料である。

2 国の労働力低下を防ぐ対策を急がないといけない。

3 平均寿命が大きく伸びたのは、医学の進歩のおかげである。

4 経済産業の活性化のための対策が急がれる。

　環境問題が深刻になる中、日本の自動車市場は今までのガソリン、ディーゼル車からハイブリッド、電気自動車への需要の変化を見せている。ただこの傾向が強いのは、日本のみで、ドイツなど欧州では依然として(注1)ディーゼル車への人気が高い。

　日本でディーゼル車が嫌われる理由として、すす(注2)を多く出すとか、エンジン音がうるさいといった点がある。東京都が平成11年から行った「ディーゼル車ＮＯ作戦」キャンペーンや平成９年から施行された世界最高基準の排出ガス規制制度も重なって①ディーゼル車への逆風(注3)が強い。

　ところが②ドイツなど欧州においては50％がディーゼル車だというから驚きだ。持ち前(注4)の燃費のよさに加え、技術革新によってすすが減少し、騒音も少なくなり、世界最高基準の排出ガス規制をクリアする(注5)車種も出てきているからだ。ディーゼル車はもともと加速性能、走行安定性能に優れており、上手に操作ができるから運転が楽しく感じられるという。さらにガソリン車に比べると、20～30％も燃費がよいのも好かれる理由となっている。

　環境汚染に敏感で、厳しい欧州での動きに対し、日本では、ハイブリッド車や電気自動車への関心がより強くなっている。しかし今後は高性能なクリーンディーゼルエンジン車も特徴を考慮した上で、車選びの選択肢に入れてもよいかもしれない。

(注1) 依然として：今でもまだ
(注2) すす：煙、炎に含まれる炭素の黒い粉末
(注3) 逆風：反対する動き
(注4) 持ち前：元々持っている
(注5) クリアする：合格する

12 ①ディーゼル車への逆風(ぎゃくふう)が強いとあるが、それはどうしてか。最も適当なもの を選びなさい。

　1 ディーゼル車は騒音を出したり空気を汚したりするため

　2 「ディーゼル車ＮＯ作戦」キャンペーンが行われていたため

　3 世界最高基準の排出ガス規制制度ができたため

　4 ハイブリッド車や電気自動車の方が人気があるため

13 ②ドイツなど欧州においては50％がディーゼル車だというが、その理由に当た らないものはどれか。

　1 ガソリン車に比べ20〜30％も燃費がよいため

　2 加速性能や走行性能が優れているため

　3 技術革新により、すすの減少やエンジン音もうるさくなくなったため

　4 ハイブロッド車や電気自動車への関心が強くなっているから

14 この文章の内容に合わないものはどれか。

1 環境問題が深刻になっている中、日本ではハイブリッド車や電気自動車が 増えている。

2 東京都は法律やキャンペーンを通して、ディーゼル車が減少するよう努力し ている。

3 欧州でも環境問題に対しては厳しいが、技術革新によりディーゼル車の問題 点をだいぶ解決しているので、今でも人気が高い。

4 日本ではハイブリッド車や電気自動車が人気があって、高性能なクリーン ディーゼルエンジン車には全く関心がない。

問題12　次の文章は会社の求人における年齢および性別制限についてのＡとＢの意見
である。二つの文章を読んで、後の問いに対する答えとして最もよいものを、
１・２・３・４から一つ選びなさい。

A

　　会社が求人広告を出す場合、男女あるいは年齢制限を設けるのは、その
会社ごとに事情があるからであり、何もだれかを制限するためではない。例
えば、電信柱に上る危険な仕事なのに、年配者(注1)や女性を採るわけにはい
かないではないか。客の応対が主な仕事なのに、年配の男性を採りなさいっ
て言えるものなのか。会社や組織、団体はその追求する目標や方向があり、
任せる仕事にふさわしい人材を採る権利がある。それを一概に男女差別だ
の、年齢差別だのと言われても困る。勿論、男女に関係ない仕事もあるし、
少々年をとったからといって、できない仕事ではない場合もある。しかし、
適所適材の言葉が指すとおり、仕事には向き不向き(注2)があるので、外部から
会社の人材選択権を論じられるのは敵わない(注3)。

(注1) 年配者：年寄りか年寄りに近い人
(注2) 向き不向き：適している場合と適していない場合
(注3) 敵わない：耐え難い。我慢しにくい

B

　　ある仕事に対し、向き不向きがあるのは認める。また、人を採る時の会社の好みも理解できる。しかし、ここで私が言いたいのは、採る人、採る年齢層を前もって決めておくことの不合理さである。一歳の違いで体力が目に見えて落ちることもなければ、女性だからやりにくいだろうと、結論づけるのは不合理だということである。人の能力を数字で判断したり、男女の違いで判断するのはあまりにも不合理すぎる。例えば、通訳の仕事などは、年齢、体力よりも経験がものを言う(注1)。なのに、何歳か男か女かで決め付けてしまう根拠がどこにあるのか、疑問でならない。人の能力を性別で、年齢で早とちりする(注2)愚かなまねだけはしないでもらいたい。

(注1) ものを言う：効果や効力を発揮する
(注2) 早とちりする：十分確認しないで結論を急ぐこと

15　求人における年齢制限・男女制限について、AとBはどんな立場なのか。

　1　AもBも、会社の事情に合わせて採るのは、会社の権利だと言っている。

　2　AもBも、会社の目標や方向に合わせて採るのは、仕方ないと言っている。

　3　Aは、男女制限・年齢制限を設けることは不合理だと言っている反面、Bは、男女制限・年齢制限については、各会社に任せるしかないと主張している。

　4　Aは、各会社の選択にはそれなりの理由があるので、干渉されたくないと言っているが、Bは、求人における幅広い視野の重要性を強調している。

16　AとBのどちらのコラムにも書かれているのは何か。

1　人材選択権も重要だが、幸福追求権_{こうふくついきゅうけん}も忘れてはならない。

2　男女制限・年齢制限は幅広い視野を妨_{さまた}げる。

3　人を採るのは会社の固有の権利である。

4　仕事には向き不向きがある。

問題13 次の文章を読んで、後の問いに対する答えとして最もよいものを、
1・2・3・4から一つ選びなさい。

①人間にとって、働くことは自然なことです。もし、一日、何もしないで寝ていなさいと、強制されたら（注1）、人間はその苦痛にたえられないでしょう（注2）。

人間にとって、休息の時間を持つことは当然なことです。もし、休む時間がなく、眠らずに働きつづけるとしたら、やはり人間はその苦痛にたえられないでしょう。

人間にとって、学ぶことは必要なことです。もし学ぶことなしに事を行おうとする者は、地図を持たずに知らない土地を歩くようなもので、なにごとにも失敗ばかりくりかえすことになるでしょう。

人間にとって、愛することは生きることである。愛を失ったとき、人間は自殺さえしかねないほど、それはわれわれの生命とともにあるのです。

そこで人間は、8時間の労働を権利としてまた義務として自らに課し（注3）、8時間を睡眠と休養の時間とし、8時間を学習と愛に生きる自由な生活をすることを考えたのです。

かつて太陽の光と水と空気と時間は、万人に平等に与えられていたが、②資本主義の文明は空気を汚染し、水は汚れ、太陽の光のとどかないところで生きる人間をつくり出したが、時間だけは、かつての不平等な過重労働から労働時間の短縮と、交通機関の発達で、しだいに平等化されつつあります。

そして、自由な時間である余暇と学習の時間をもてあまして（注4）いる人間さえ、一部にあらわれています。

金をもったものはその使い方をあやまる（注5）と人生の失敗者になるように、自由な余暇の時間をもったものがその使い方をあやまると、やはり人生の落後者になるおそれがあります。

　「よく学び、よく遊べ」といわれるように、自分のものである時間を、いかによく学び、自由な余暇を健全に楽しむかによって、心も体も健康な、よく働ける人間になり、自分の人生を切りひらいて(注6)ゆく力をもった自己を形成してゆけるのではないでしょうか。

（寺村文夫、『生き方についての12章』文理書院による）

(注1) 強制する：無理にそうさせる

(注2) たえる：がまんする

(注3) 課す：責任を負わせる

(注4) もてあます：取り扱いに苦しむ

(注5) あやまる：間違える

(注6) 切りひらく：開拓する

17　①人間にとって、働くことは自然なことですとあるが、どうしてか。

1 ずっと寝ているのも苦痛だから

2 休まないで仕事ばかりするのもたえられないから

3 何もしないでいると仕事を強制されるから

4 人間にとって、学ぶことは必要だから

18　②資本主義の文明がもたらしたことに入らないものはどれか。

1 空気を汚くした。

2 水が汚れてしまった。

3 交通機関の簡素化

4 不平等な過重労働

筆者の主張を最も正しくまとめたのはどれか。

1 資本主義の発展とともに働く時間が短くなった。

2 人間は労働を通してこそ自己を形成していける。

3 学ばない人間は精神的に問題がある。

4 労働、学習そして余暇など、時間を有効に活用すべきだ。

問題14 右のページのグラフは、男性と女性の認知症(注1)の発生に関するある地域の医学界の報告をまとめたものである。下の質問に対する答えとして最もよいものを、1・2・3・4から一つ選びなさい。

20 このグラフを見て言えることは何か。

1 このグラフによると、最近女性の認知症の発生が多いことが分かる。

2 このグラフによると、最近認知症の発生が低年齢化することが分かる。

3 グラフを見ると、年齢が上がるにつれて認知症の発生が少なくなることが分かる。

4 グラフを見ると、年齢の上昇と認知症の発生は比例することが分かる。

21 このグラフの内容として正しいものは何か。

1 どの年齢においても男性の発生が多い。

2 年齢別で見ると、どの年齢においても発生率の男女差はない。

3 認知症発生は、ある年齢に達すると女性の発生率が下がる。

4 男女の認知症発生がある年齢に達すると、同じくなる。

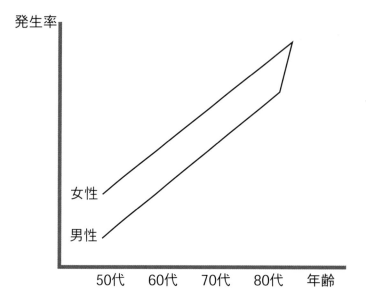

(注1) 認知症：ある個人が一旦獲得した知的・精神的認知能力を失い、正常な生活がしにくくなる症状。以前は「痴呆」という名称を使っていた。

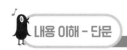

問題10　次の文章を読んで、後の問いに対する答えとして最もよいものを、
　　　　1・2・3・4から一つ選びなさい。

「時は金なり(注1)」という格言があるが、このごろこの言葉がつくづく身にし
みる。店を開いて失敗した友人がいる。最初はいい線いって(注2)いたが、途中
からうまくいかなくなり、とうとう店じまい。彼の今のメインの仕事はタク
シーの運転手。休みの日もコンビニで働く。負債を返して、もう一度立ち直っ
て見せたいと、意気込んで(注3)いる。「テレビ見る暇があったら働く」、「歌なん
て子守歌だよ」と、苦笑い。限られた人生という「時間」を考えると、遊んで
いられない。

(注1) なり：である
(注2) いい線いく：繁盛する・うまくいく
(注3) 意気込む：頑張る

1　この文章の内容として正しいのはどれか。

　1　友達は、二度と店は経営しない考えである。

　2　友達は、メインの仕事以外に、いろんなアルバイトをしている。

　3　友達の失敗を通して、仕事の重要性を切に感じた。

　4　友達の失敗を通して無駄なく生きることの大事さを切に感じた。

教育とは、文字通り「教えて育てる」という意味である。仮に、新入社員を採ったとしよう。会社の歩みや仕事のやり方を十分教えてから、仕事に当たってもらうのがベストのはずなのに、とかく中小企業あたりではそれをおろそかにする傾向があるようだ。企業の生産性を高めるためのコツを知ってもらうのが仕事の私としては、そういう真似だけはしないでほしいのである。「知らぬが仏(注1)」ではない。「知らぬは損」なのである。くれぐれも忘れないでほしいと思う。

(注1) 知らぬが仏：本当のことを知るより、知らない方がいい

2 この文章に出てくる私の職業として一番可能性の高いものはどれか。

1 コラムニスト

2 アシスタント

3 コンサルタント

4 コピーライター

小学6年生の2学期の期末テストでトップを取って以来、私は、高校を出るまで、ずっと優等生(ゆうとうせい)として表彰(ひょうしょう)されたり(注1)していた。当時は、体育、音楽、美術などの授業がどれだけ嫌いだったか、今でもその記憶は新しい。英語、数学、国語などの勉強が全てだと思っていたのである。

　　しかし、栄養が偏(かたよ)ってはいけないように、全人教育(ぜんじんきょういく)(注2)という面から考えた場合、私が嫌いだった授業がどんなに重要な科目か、今はよく分かっている。円満な人格を育てる上で、それらは欠かせないのである。

(注1) 表彰(ひょうしょう)する：功績(こうせき)などを人の前でほめたたえる
(注2) 全人教育(ぜんじんきょういく)：知識や技能だけでなく感性や徳性(とくせい)なども含んだ全般的教育

3　文中のそれらとは何を指すか。

1 バランス良い教材

2 バランス良い栄養

3 重要な科目

4 バランスの取れた教科目

私は音を立ててガムを噛む(注1)人を極端に(注2)嫌う。噛んでいる方は楽しいかも知れないが、その音を聞かされる私は、血圧が上がる思いになるからである。人前でぱちぱち音を立ててガムを噛む常識外れとは、私は原則として付き合わない。特に込んでいる電車やバスの中、または公共の場所でそんなことをする人は、私の軽蔑(注3)の対象になる。

(注1) 噛む：口の中であごを続けて上下させる
(注2) 極端に：非常に
(注3) 軽蔑：嫌って無視すること

4 この文章で結局、筆者が一番言いたいことは何か。

1 ガムを楽しんで噛めば問題はない。

2 他人の前ではガムを噛まないのが常識だ。

3 ガムは音さえ立てなければ、どこで噛んでもかまわない。

4 公共の場所で人に迷惑をかけてはいけない。

先日、久しぶりに映画館へ行った。一人で観る映画はおもしろくないが、話題作だったので、一人でも観ることにしたのだ。映画館は満員だったが、暗い中、やっと指定席にたどり着く(注1)ことができた。

　映画が始まり、主人公が何者(注2)かに追われている場面が流れる。私は字幕を一生懸命追っていった。2、3分ぐらい経っただろうか。仕事の疲れがどっと出てきて眠くなってきた。その瞬間だった。主人公がその何者かと、殴り合い(注3)のけんかを始めた。(後略)

(注1) たどり着く：やっと到着する
(注2) 何者：正体がはっきりしない人物
(注3) 殴り合い：お互いに殴ること

5　ここでいうその瞬間は、次のうちどれか。

1　筆者が眠くなった瞬間

2　主人公が眠くなった瞬間

3　主人公がその何者かと殴り合いのけんかを始めた瞬間

4　疲れがどっと出てきた瞬間

내용 이해 - 중문

問題11　次の文章を読んで、後の問いに対する答えとして最もよいものを、1・2・3・4から一つ選びなさい。

　目に見えるものと目に見えないものの価値について考えてみたい。人格という言葉に対して体格という言葉がある。人格は、目に見えないその人の持つ性格とか品性といったものであろうし、体格とは、文字通りその人の体、肉体(筋肉や骨格など)を指す言葉である。人格と体格を比べるとき(それは人間の心と体にあたり、両方必要なものではあるが)、人格が素晴らしいと言われた方がうれしくなるものである。

　人間の健康、生命を考えるとき、その生命を維持させる要素には、食物(栄養素)と空気(酸素)がある。①これらはどちらも必要なものだが、空気(酸素)が無かったら生命は５分も持たない(注1)。やはり目に見えない空気のほうが重要度を増す。

　世の中には目に見えるものしか信じないという人もいるが、そんな人でも自分ではどうすることもできない状況に置かれると、思わず神仏(注2)に手を合わせる。

　プロスポーツなどの世界は結果が絶対的で、その目に見える結果によって全てが評価される。しかし、そんな中でも歴史に名を残すようなスポーツ選手は、精神面の重要性を説く人がずっと多いのは②意外である。

　③人は時として(注3)目に見えるものばかりを考えて、その本質(目に見えない世界)を見失いやすい。

(注1) 持たない：その状態を保つことができない
(注2) 神仏：神や仏
(注3) 時として：たまに

6 ①これらとは何を指しているか。

 1 健康と生命

 2 食物と空気

 3 生命と栄養素

 4 健康と酸素

7 ②意外であるとあるが、その理由は次のうちどれか。

 1 プロスポーツの世界では、目に見える結果が何より重要で、評価の対象となるため

 2 プロスポーツの世界では、目に見えない精神面が最も重要であるため

 3 プロスポーツの世界でも神仏に手を合わせることが重要なので

 4 プロスポーツの世界では、歴史に名を残すことが求められるので

8 ③人は時として目に見えるものばかりを考えて、その本質（目に見えない世界）を見失いやすいとはどういうことか。具体例を選びなさい。

 1 お金もなくてはならないが、他人への思いやりなどはもっと大切にすべきであると考えること

 2 スポーツの試合では良い成績を出しているのに、こっそりよくないことをしたり、同僚に対する配慮に欠けていること

 3 プロスポーツの世界では、ハングリー精神や反骨精神が最も重要であると考えること

 4 体格（スタイル）や実績より、人格や精神面でその人を評価すべきであると考えること

　私は芸術関係、特に音楽を仕事とする人や、そのために大学などで勉強している学生を見ると、うらやましく思います。まず、何よりも自分が好きなことを職業として選択できていることが素晴らしいです。芸術は人を和ませて(注1)くれるし、元気や喜び、また感動を与えてくれます。もちろんストレス解消にも優れた効果を発揮します。

　スポーツなども似たようなところがありますが、芸術はもっと多くの、しかも直接的な喜びを与えてくれます。ハードロック(注2)などはちょっと私の好みに合わないところもありますが、①バイオリンやチェロなどの楽器を携えながら(注3)歩いている人に、とても心が惹かれます(注4)。

　音楽などは病気の治療にも役に立ちます。私の父が転んで頭を打ち、アルツハイマー病(注5)的症状で入院していた時、音楽治療師のお姉さんが、老人向けの、いわゆる懐メロ(注6)を歌ってくれました。老人の患者さん達も喜び、一緒に歌っていました。

　テレビののど自慢(注7)にも脳梗塞(注8)で倒れたが、リハビリ(注9)としてカラオケに通い、回復された人が出ていました。

　私も以前、合唱団で歌っていましたが、そのころが懐かしいです。機会を得たらまた合唱をやってみたいと思っています。②カラオケが忙しいサラリーマンに人気があるのも、よく分かる気がします。

(注1) 和む：気分がやわらぐ
(注2) ハードロック：活発で激しいロック
(注3) 携える：身につけて持つ
(注4) 心が惹かれる：興味や魅力を感じて、心が引きつけられる
(注5) アルツハイマー病：記憶を失う脳の病気

(注6) 懐メロ：懐かしいメロディー、歌

(注7) のど自慢：歌の上手さを競争する大会のこと

(注8) 脳梗塞：脳の血管がつまっておこる病気

(注9) リハビリ：身体に障害のある人などが、再び社会生活に復帰するための、総合的な治療的訓練

9 ①バイオリンやチェロなどの楽器を携えながら歩いている人に、とても心が惹かれますとあるが、その理由は何か。

1 バイオリンやチェロなどの楽器の音がとても好きなので

2 人を和ませ喜びを与える音楽を学んだり、職業としている人がうらやましいため

3 バイオリンやチェロなどの演奏は、アルツハイマー病やいろいろな病気の回復に役立つので

4 バイオリンやチェロの楽器の形はとても芸術的価値が高いので

10 ②カラオケが忙しいサラリーマンに人気があるのもよく分かる気がしますの意味として、一番可能性が高いのはどれか。

1 カラオケが、忙しいサラリーマンの合唱能力を高めているということ

2 カラオケが、忙しいサラリーマンの営業の場所になっているということ

3 カラオケが、忙しいサラリーマンの病気治療に役立っているということ

4 カラオケが、忙しいサラリーマンのストレス解消の場になっているということ

11 この文章の内容として正しくないものはどれか。

1 自分の好きな分野で働けることは素晴らしいことだ。

2 私は歌が大好きで、歌うことを職業にしている人をうらやましく思う。

3 音楽 (特に懐メロ) などはアルツハイマー病や脳の病気の機能回復に役立っている。

4 カラオケはサラリーマンの人々でにぎやかである。

科学技術の発展はどこまで続くだろうか。牛車(注1)・馬車を使っていた人間が車を発明したのは、大体今から約150年前ののことである。人の移動手段として、同時に物を運ぶために、発明された車。時代の流れと共に①その顔を変えてきている。

　まず、規模は段々大きくなってきている。規模が大きくなったというのは、エンジンのパワーが強くなったことを意味する。見方を変えれば、車の軽量化も進んだことになる。スピードも速くなっている。乗り心地(注2)も勿論、ずっと良くなっている。

　最初は、二、三人乗れた車が、何十人乗れる大型のバスへと発展し、利用目的に合わせて、通勤用・運搬用・旅行用・スポーツ用・建設用、それに住居用など、ありとあらゆる車が、走っている。ここで私たちが忘れてはならないのは、事故の規模である。牛車か馬車なら、二～三人の死傷で済んだのが、二階建てバスの転倒事故だと、何十人の命が消えることだってある。便利になった分、②願わないことによる代償(注3)は前の時代とは比べ物にならない。

　利便性を追い求める人間の欲には限りがない。先端技術を駆使した、いわゆる「無人自動運転車」の時代にもう入っている。自動運転車にも、安全面において、段階があるらしい。遠からず安全且つ(注4)便利な最高段階の無人自動車が現われるのは間違いないだろう。

　マイカーを使ってはいるものの、車のことは門外漢(注5)の私。運転する人がいないのにどうやって車がひとりでに(注6)走行できるのか疑問も多い。各種のセンサーの発達が無人運転を可能にしてくれたらしいが、もしもセンサーに問題が生じたりした場合はどうなるのだろうか。

　確かに科学技術は進歩している。技術の発展を願わない人もいないはずだ。ただ、今後どういった革新的なものを作るにしても、安全且つ地球に負担をか

けないものを作っていくのが大事であろう。とにかく、安全でないものが現われて世の中を混乱に陥れることだけは、絶対にやめてもらいたい。

(注1) 牛車：昔、牛に引かせた貴人の乗用車・物を運ぶ牛車もある
(注2) 乗り心地：乗り物に乗った時の感じ
(注3) 代償：代価・犠牲
(注4) 且つ：また同時に
(注5) 門外漢：その分野のことをよく知らない人
(注6) ひとりでに：自然に・おのずから

12　①その顔を変えてきているとあるが、関連性が弱いのはどれか。

1　規模

2　性能

3　価格

4　快適さ

13　②願わないことによる代償は前の時代とは比べ物にならないとあるが、どういうことか。

1　車の故障による修理費は比較にならない。

2　大人数を乗せての事故の規模は比較にならない。

3　少人数を乗せてのエンジントラブルの規模は比較にならない。

4　先端技術を駆使した現代の車は、昔の車とは性能が比較にならない。

14　この文章で筆者が最も強調している内容は何か。

1　なるべく便利で安い車を開発してほしい。

2　できるだけ安くて燃費のいい車を開発してほしい。

3　可能な限り、地球にやさしく、無害（むがい）で危険でない車を作ってもらいたい。

4　できることなら、地球にやさしく、ハイテック技術を駆使した車を作ってもらいたい。

問題12 次の文章は、小学生に対する英語の早期教育に関するコラムである。二つの文章を読んで、後の問いに対する答えとして最もよいものを、1・2・3・4から一つ選びなさい。

A

　英語の需要がますます大きくなる昨今(注1)、わが国(注2)の外国語政策はかなり問題がある。比較的覚えにくいと言われる漢字や伝来の日本の文化を受け継がせるために国語教育に力を入れるのは、それなりの理由があって理解もできる。

　しかし、いくらそういう事情があるからといって中学校から英語を教えるのは遅すぎる。アジアのいろいろな国の中でTOEFLの平均点数が日本ほど低い国は少ない。

　日本人として日本語や日本の文化を学ぶのは当たり前である。それが悪いと言っていない。しかし、天然資源の乏しい日本が生きる道は外国との貿易しかなく、貿易を活性化させるためには、世界語の英語を早くから身につける必要がある。発音の柔軟性や情報の広がりを考えた場合、子供の早期英語教育は急ぐべきである。

(注1) 昨今：現在
(注2) わが国：私たちの国、日本

JLPT 급소공략 N2 독해　111

B

世界各国、各民族は自分たちの住んでいる自然環境と共に、固有の文化を作り上げ、それを自分たちの言葉や文字で後世に受け継がせてきた。海洋文化の国は魚や海草などに関する豊かな表現を持っており、稲作(注1)の盛んな所ではそれ相応の多彩な表現を今日に伝えている。ヨーロッパの島国、イギリスがその国力を増し、世界各地域に進出、英語が今や代表的な世界言語として位置づけられていることは否定できない。

しかし、人類文化は、多様性の上で発達してきたし、多様性のない発展は期待しにくい。いわゆる国際語としての英語の威力を無視するつもりはないが、だからといってそれが全ての人間の事象(注2)を表せるかというと、そうではない。小学校の6年間は、自分の国の言葉、文化を学ぶにおいて非常に大事な時期である。そういう大事な時期に英語に時間を取られるのは理に適っていない(注3)。

(注1) 稲作：米を作ること
(注2) 事象：事柄
(注3) 理に適う：道理や理屈に合う

15 小学生に対する英語の早期教育に関して、AとBはどんな立場なのか。

1 AもBも英語の早期教育の導入を強く主張している。

2 Aは賛成の立場だが、Bは条件付で賛成している。

3 Aは反対の立場だが、Bは条件付で賛成している。

4 Aは賛成の立場だが、Bは反対の立場を示している。

16 ＡとＢのどちらのコラムにも書かれているのは何か。

1 漢字を覚えるのは比較的難しい。

2 アジアのいろいろな国の中で、TOEFLの平均点数が日本ほど低い国は少ない。

3 人類文化は、多様性の上で発達してきた。

4 英語は世界の代表的な言語である。

**問題13　次の文章を読んで、後の問いに対する答えとして最もよいものを、
　　　　　1・2・3・4から一つ選びなさい。**

　私が小さなコンビニを始めたのは、主人が行方不明になってから、ちょう
ど１年後のことです。主人は登山家でした。子供の時から根っから(注1)の山好
きで、年に半分は山登りに出かけるほどです。

　主人は、去年の３月、ヒマラヤのエベレストを征服しようと、登山隊と一
緒に出かけ、ちょうど一ヶ月後、行方不明になってしまったのです。事故の
話を聞かされた時、私は失神(注2)してしまいました。

　１年間待っても、帰って来ない主人を待ち続けるわけにもいかず、私は子
供たちを育てるために、主人の残してくれた遺産を処分して小さなコンビニ
を始めたのです。子供は二人いますが、上の娘は小学校１年生、下の息子は
まだ幼稚園児です。

　①「ママ、パパはアメリカでお仕事だよね。もうすぐ帰ってくるよね」と、息
子は、夫への思いを忘れかけたころ、忘れてはならぬ、とばかりに言うので
す。そういう息子の口癖ができたのは、私が帰って来ないパパのことを、ア
メリカで登山関係の仕事に就いていると子供たちに嘘をついたからです。

　長女は、最初は私の話を信じていたようですが、最近、真実を知ってしまっ
たようです。涙は絶対見せたくないと、覚悟して暮らしている私の目から涙
がぽろりと落ちるのは、②「そうよ、パパはアメリカでお仕事よ」と、弟の話に
相づちを打つ(注3)娘の話を聞く瞬間です。

　「好きな人がいたら、再婚してください。ステップファミリー(注4)なんて珍
しくない時代じゃない？！」と、義母(注5)に勧められていますが、私は、山が好
きで山と結婚した夫との離婚は一生考えていません。たくましく生きて、子
供たちを立派に育てて見せたい、これが私にできる亡き夫(注6)への唯一の愛な

のです。

　「あなた、見守っていてね。立派に育てて見せるから」

　もう、アルバイトと店番を交代する時間です。帰り道、夜空の星を仰ぎながら(注7)、夫の笑顔を思い浮かべる癖が、いつからかできてしまいました。

(注1) 根っから : 生まれつき・もともと

(注2) 失神 : 意識を失うこと

(注3) 相づちを打つ : 相手の話を聞いて同調すること

(注4) ステップファミリー : 子連れ再婚家庭

(注5) 義母 : 配偶者の母

(注6) 亡き夫 : 死んだ夫

(注7) 仰ぐ : 上の方向を見る

17　筆者がコンビニを始めた理由は何か。

1 夫が帰って来ないから

2 生計を立てないといけないから

3 商売が好きだから

4 夫が行方不明になったから

18 ①と②はだれがだれに話しているのか。

  1 ① 母が息子へ　　　② 娘が母へ

  2 ① 母が娘へ　　　　② 息子が母へ

  3 ① 息子が母へ　　　② 娘が弟へ

  4 ① 息子が母へ　　　② 息子がお姉さんへ

19 筆者に関する内容として正しいものはどれか。

  1 筆者は子供たちに嘘をついたことを後悔している。

  2 筆者も主人同様、山登りが大好きである。

  3 筆者は義母に勧められて、再婚を考えている。

  4 筆者は意志が強くずっと一人で子供を育てていく覚悟でいる。

問題14　次のページのグラフは、男子大学性と女子大学生における留学の必要性に関するアンケートの調査結果である。下の問いに対する答えとして最もよいものを、１・２・３・４から一つ選びなさい。

20　二つのグラフを見比べて、言えることは何か。

1 留学の必要性を感じている人は、そうでない人より少なくないことが分かる。

2 留学の必要性を感じている人は、女子の方が多いことが分かる。

3 留学は要らないと回答している人は、お金の問題をかかえていることが分かる。

4 留学は要らないと回答している人は、時間の問題があることが分かる。

21　この二つのグラフの内容として正しいものはどれか。

1 半分以上の男女大学生が留学に無関心である。

2 約20％の男女大学生が回答をしてしない。

3 「留学は要らない」・「回答無し」を合わせると、男女それぞれ20％を超える。

4 留学の必要性を感じている人は、男女平均約80％に上る。

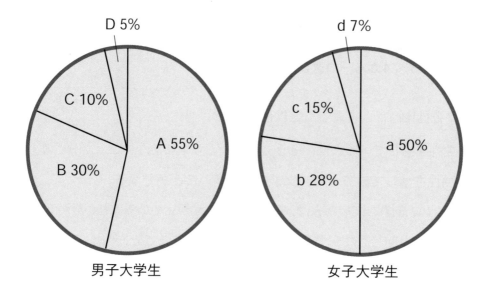

男子大学生　　　　　　　　女子大学生

A / a : 留学は必ず必要だ。
B / b : 時間と費用の問題がなければ留学したい。
C / c : 留学は要らない。
D / d : 回答無し。

問題10 **1** ④　　**2** ①　　**3** ④　　**4** ①　　**5** ④

問題11 **6** ③　　**7** ④　　**8** ②　　**9** ①　　**10** ④　　**11** ④　　**12** ②　　**13** ④　　**14** ③

問題12 **15** ③　　**16** ④　　　　問題13 **17** ③　　**18** ①　　**19** ②　　　　問題14 **20** ②　　**21** ①

내용 이해 - 단문

問題10 다음 문장을 읽고, 다음 질문에 대한 답으로서 가장 적절한 것을 1, 2, 3, 4에서 하나 고르시오.

체조라는 것은 본격적인 운동 전에 하는 가벼운 운동을 말한다. 학교에서 체육 선생님이 열심히 가르쳐도 학생들의 몸을 움직이는 방식은 좀처럼 같아지지 않는다. 뒤에서 보면 모두 조금씩 동작이 다르다. 좀 이해하기 어렵다.

원인은 여러 가지 있다고 보는데, 어쩌면 학생들이 선생님을 정신 차려 보고 있지 않을지도 모른다. 가르치는 방식보다 배우는 방식에 문제가 있는 듯하다.

학교에서의 사소한 풍경에서 사물에 대한 관찰력이라는 것만큼 중요한 것은 없다는 점을 통감하게 되었다.

1 이 문장에서 필자가 가장 말하고 싶은 것은 무엇인가?

1 선생님의 가르치는 방식이 좋지 않아 모두 동작이 다르다.

2 선생님이 주의 깊게 보고 있지 않아 모두 몸을 움직이는 방법이 다르다.

3 학생들이 선생님의 동작을 연구하고 있지 않으므로 동작이 다르다.

4 사물을 어떻게 보는가 라고 하는 것은 결코 무시할 수 없는 일이다.

体操 체조 | **本格的な** 본격적인 | **運動** 운동 | **行う** 하다, 실시하다 | **体育** 체육 | **生徒** 학생 | **動かす** 움직이다 | **なかなか** 좀처럼 | **動作** 동작 | **違う** 다르다 | **しっかり** 제대로 | **教わる** 배우다 | **ちょっとした** 사소한, 대수롭지 않은 | **風景** 풍경 | **物事** 사물 | **観察力** 관찰력 | **～ほど** ～만큼 | **大事な** 중요한 | **痛感する** 통감하다 | **注意深く** 주의 깊게 | **決して** 결코 | **無視できる** 무시할 수 있다

돈을 벌기(注1) 위하여 우리는 매일 땀을 흘리고 있다. 돈이 많이 들어오면 생활이 풍요로워지는 것은 말할 필요도 없다. 그러나 돈을 절약하기 위한 노력도 어떤 의미로는 돈을 버는 것과 같은 의미를 가진다. 많이 벌어서 많이 쓸 수 있다면 두말할 나위 없지만, 현실은 좀처럼 생각대로 되지 않는 법이다. 그렇기 때문에 버는 일 이상으로 낭비를 막기 위한 궁리도 불가피한 것이다.

(注1) 稼ぐ : 돈을 획득하는 일

2 문장 안의 <u>어떤 의미로는</u>의 뜻으로 가장 가까운 것은 다음 중 어느 것인가?

1 생각하기에 따라

2 의미를 바꾸면

3 결론적으로 말하면

4 소위

汗を流す 땀을 흘리다 | 豊かになる 윤택해지다, 풍요로워지다 | 節約する 절약하다 | 努力 노력 | それにこしたことはない 그보다 나은 것은 없다 | だからこそ 그렇기 때문에 | 無駄遣い 낭비 | 防ぐ 막다 | 工夫 궁리 | 欠かせない 불가피하다 | 得る 얻다, 획득하다 | 結論的に 결론적으로 | いわゆる 소위, 이른바

언제부터인지 컴퓨터·인터넷·경제와 관련한 신조어, 즉 새로운 말이 무수히 늘고 있다. 새로운 말이 생겼다는 것은 그에 해당하는 새로운 개념이나 지식이 탄생한 것을 의미한다.

50을 갓 넘긴 내가 시대의 흐름에 따라갈 수 있을지 정말이지 자신이 없을 정도이다. 대학을 졸업할 때까지 다양한 지식을 머리에 집어넣고(注1) 사회에 나와서도 집어넣고만 있다. 디지털한 세상을 살아가는 아날로그한 내 자신이 너무 싫다. 아니, 디지털한 세상이 어떤 의미로는 더욱 싫다!

(注1) 詰め込む : 억지로 외우다

3 이 문장의 내용으로 올바르지 않은 것은 어느 것인가?

1 필자는 최근, 신지식에 곤란을 겪고 있다.

2 필자는 자신을 디지털한 편이라고 생각하고 있지 않다.

3 필자는 최근, 새로운 말에 머리가 괴롭다.

4 필자는 살아갈 자신을 완전히 잃었다.

新語 신조어 | 無数に 무수히 | 概念 개념 | 知識 지식 | 誕生する 탄생하다 | 過ぎる 지나다, 넘다 | ～(た)ばかり 갓 (막) ～한 | 流れ 흐름 | もう 정말이지, 참으로 | 様々な 다양한, 갖가지 | 詰め込む 무턱대고 외우다, 집어넣다 | デジタルな 디지털한 | 世界 세계, 세상 | 生きる 살다, 살아가다 | アナログな 아날로그한 | 大嫌い 몹시 싫어함 | 悩む 괴로워하다, 고민하다 | すっかり 완전히, 모두 | 失う 잃다, 잃어버리다

○△은행이 망했다는 뉴스를 듣고 놀라움을 감추지 못한 것은 벌써 10년도 전의 일이다. 그렇게 큰 은행이 도산하다니, 당시는 상상도 할 수 없었던 일이다.

그러나 요즘에는 이름 있는 큰 회사라도 <u>벽에 부딪쳐서</u> 일어나지 못한다는 소식이 곧잘 들린다. 은행에 돈을 맡길 때, 여러 은행에 분산시키는 사람이 많아졌다고도 한다. 경쟁이 치열해진 세상인 만큼 손님의 신뢰를 잃지 않기 위한 노력이 필요하다고 말하고 싶다.

4 벽에 부딪쳐서라고 되어 있는데, 그 이유는 무엇인가?

1 경영이 잘 되지 않아서

2 경영 스타일이 독단적이어서

3 생산 비용이 높아서

4 매출이 늘어서

つぶれる 망하다 | 驚き 놀라움 | 隠し切れない 다 감추지 못하다 | 倒産する 도산하다 | 想像 상상 | 名のある 이름 있는 | 壁 벽 | ぶつかる 부딪치다 | 立ち直る 다시 일어나다 | 出来事 사건, 사고 | 耳にする 듣다 | 預ける 맡기다 | 際 경우, 때 | 分散させる 분산시키다 | 競争 경쟁 | 激しい 치열하다 | 世の中 세상 | 信頼 신뢰 | 経営 경영 | スタイル 스타일 | ワンマン 독단적인 사람 | 生産コスト 생산 비용 | 売上げ 매상, 매출 | 伸びる 늘어나다

유명한 상과대학을 나와 컴퓨터도 거의 자유자재이고 경제 감각도 뛰어난 올해 38살의 친구는 주식에서 큰 손해를 보아 선조 대대의 땅과 살고 있는 아파트를 파는 처지(注1)가 되어 버렸다. 한때는 주식으로 꽤 벌었던(注2) 모양이지만, 경기 침체와 과욕으로 손해를 본 것이다. '인터넷'도 모르는 이웃 할아버지는 땅과 주택의 매매를 잘하여 자식은 물론 세 명의 손주도 미국에 유학시키고 있다. '젊은이의 지식·감각'보다도 '노인의 지혜'가 빛을 발하는 경우도 적지 않은 것이다.

(注1) はめ : 난처한 처지

(注2) もうける : 이익을 얻다

5 이 문장에서 필자가 가장 말하고 싶은 것은 무엇인가?

1 젊음과 경제 감각은 떼려야 뗄 수 없는 관계이다.

2 과도한 욕심은 경계해야 한다.

3 돈을 버는 것은 나이가 있는 사람이 능숙하다.

4 노인의 지혜에도 배울 만한 점은 많다.

商科大学 상과대학 | ほぼ 거의 | 自由自在 자유자재 | 経済感覚 경제 감각 | 優れる 뛰어나다 | 株 주식 | 大損する 큰 손해를 보다 | 先祖代々 선조 대대 | 土地 토지, 땅 | 一時期 한때 | 景気 경기 | 低迷 침체 | 欲の出しすぎ 과욕 | 損をする 손해를 보다 | 住宅 주택 | 売買 매매 | うまい 잘하다 | 勿論 물론 | 孫 손자, 손주 | 留学する 유학하다 | 知識 지식 | 知恵 지혜 | 光る 빛나다 | 場合 경우, 처지 | 若さ 젊음 | 利益 이익 | 警戒する 경계하다 | 金もうけ 돈벌이

問題11 다음 문장을 읽고, 다음 질문에 대한 답으로서 가장 적절한 것을 1·2·3·4에서 하나 고르시오.

심장, 간장, 신장 그리고 눈(망막) 등 몸의 일부가 병 때문에 그 기능이 떨어지고 생명이 위험에 처해 있는(注1) 사람들이 있다. 그들은 뇌사 판정을 받은 사람의 장기 제공을 은근히 기다리고 있으나, 현실은 제공자보다 그것을 갈망하는 사람이 압도적으로 많다. 그 때문에 ①목숨을 잃을 수밖에(注2) 없는 많은 환자가 있다. 또 장기 제공을 받았다 해도 타인에게서 받은 장기에 거부 반응을 일으키면 생명을 유지할 수 없다.

그런 가운데 자신의 피부에서 몸 속의 다양한 세포로 변화할 수 있는 iPS세포(신형만능세포)가 만들어졌다는 뉴스는 몇 년 전 화제가 되었다. iPS세포는 피부 등의 세포에 4종류의 유전자를 집어넣어서 만드는 방법이 일반적이다. 4종류 중의 하나는 'C미크'라고 하여 암유전자이고 쥐 실험에서도 70%가 발암하였다고 한다. 그래서 대학 연구 그룹은 'L미크'라는 유전자를 'C미크' 대신 이용하였더니, 발암의 위험성이 없어지기 시작했다고 한다. iPS세포의 작성 효율(注3)도 비약적으로 높아졌다 하니 놀라운 일이다. ②이번 일로 iPS세포를 사용한 장기 이식 등의 재생 의료의 실용화에 더욱 다가간 셈이다. 이것은 환자 본인의 세포를 통해서 만들어지기 때문에 거부 반응도 없고 뛰어나다. 앞으로도 한층 더 연구 개발하기를 기대하고 있다.

(注1) 危険にさらされる : 위험한 상태에 처하다
(注2) 命を落とす : 사망하다
(注3) 作成効率 : 뭔가를 만들(작성할) 때의 효율

6 ①목숨을 잃을 수밖에 없는이라고 되어 있는데, 그 이유는 무엇인가?

1 뇌사 판정에 의한 장기 제공자가 압도적으로 많기 때문에
2 뇌사 판정에 의한 장기 제공자를 몹시 기다리는 사람이 많기 때문에
3 뇌사 판정에 의해 장기를 제공해 줄 사람이 적기 때문에
4 뇌사 판정을 받은 사람이 장기 제공을 거부하기 때문에

7 ②이번 일이란 어떤 일인가?

1 iPS세포의 작성 효율이 이전과 바뀌지 않은 일
2 암 유전자인 'C미크'를 다른 암 유전자 'L미크'로 바꾼 일
3 암 유전자인 'C미크'에서 다른 유전자 'L미크'를 추출한 일
4 암 유전자인 'C미크'를 다른 유전자 'L미크'로 바꾼 일

8 이 문장의 내용과 맞지 않는 것은 어느 것인가?

1 뇌사 판정에 의한 장기 제공자보다 제공을 기다리고 있는 사람이 훨씬 많다.
2 뇌사 판정에 의한 장기 제공자로부터 제공을 받으면, 대부분 목숨을 살릴 수 있다.
3 자신의 피부에서 만들어진 iPS세포는 여러 장기를 만들 수 있는 가능성이 있다.
4 iPS세포는 자신의 세포에서 만들어지기 때문에 거부 반응이 없다.

心臓 심장 | 肝臓 간장, 간 | 腎臓 신장, 콩팥 | 網膜 망막 | 機能 기능 | 落ちる 떨어지다 | 生命 생명 | 脳死判定 뇌사 판정 | 臓器提供 장기 제공, 장기 기증 | 心待ちする (기대감이나 불안을 안고) 은근히 기다리다 | 現実 현실 | 提供者 제공자, 기증자 | 待ち望む (그 때나 일이 도래하기를 갈망하며) 기다리다 | 圧倒的に 압도적으로 | 〜ざるをえない 〜(하)지 않을 수 없다 | 拒絶反応 거부 반응 | 起こす 일으키다 | 保つ 지키다 | 皮膚 피부 | 様々な 다양한 | 細胞 세포 | 新型万能細胞 신형만능세포 | 話題 화제 | 遺伝子 유전자 | 組み込む 집어넣다 | 一般的 일반적 | ガン 암 | マウス 생쥐 | 発ガン 발암 | 飛躍的 비약적 | 臓器移植 장기 이식 | 再生医療 재생 의료 | 実用化 실용화 | 近づく 다가가다 | 病人 환자 | 一層 한층 | 期待する 기대하다 | 死亡する 사망하다 | 取り出す 추출하다 | 助かる 목숨을 건지다

　장마(注1)가 그친 이래 한여름의 폭염인 날(注2)이 연일 계속되고 있다. 전국적으로 덥고, 곳에 따라서는 37도, 38도의 이상 고온이 되고 있다.

　열사병(注3)에 의한 사망자도 나오고 있다. 농사 도중 혹은 야외에서 쓰러지기도 하며, 또 집 안에서도 쓰러져 병원에 실려가는 사람도 많아 예삿일이 아닌(注4) 상태다.

　폭염의 원인은 태평양 고기압에서 ①예년보다 세력이 강하기 때문이라고 한다. 태평양 고기압은 적도 부근에서 따뜻해져 상승한 공기가 상공에서 갈 곳을 잃어 일본의 남동쪽인 북위 30도 부근에서 하강하여 만들어진다. 공기 덩어리는 하강하면서 압축되어 따뜻해진다. 올해는 더더구나 필리핀 근해에서 상승한 공기에 의한 하강 기류도 한몫하여 태평양 고기압의 세력이 강하다는 것이다. 그리고 러시아의 열파 등 세계적인 이상 기후의 원인이 된 편서풍도 더해져 일본 열도가 불볕더위가 되었다고 한다.

　여하튼 지구온난화와 깊게 관련되어 있다고 생각된다. 각국이 협조하여 이산화탄소의 배출 규제를 진행해 갈 필요가 있는데, 이 문제는 경제 문제와 관계되기 때문에 좀처럼 술술 풀리지 않는다. 세계의 여러 나라들, 특히 선진국과 개발도상국 간의 의견이 맞질 않는다. 꾸준한 의견 조정 노력이 필요한데, ②시기를 놓치지 않기를 빌 뿐이다.

(注1) 梅雨 : 6월경 계속 내리는 비
(注2) 猛暑 : 기온이 35도 이상인 날
(注3) 熱中症 : 높은 온도 아래에서 운동이나 일을 하는 바람에 일어나는 장애
(注4) ただ事ではない : 보통이 아니다. 비정상적인

---

⑨ ①예년보다 세력이 강한 이유는 무엇인가?

　1 폭염의 원인은 태평양 고기압이지만, 필리핀 근해의 하강 기류 및 러시아의 열파도 더해졌기 때문

　2 폭염의 원인은 태평양 고기압으로, 일본 부근에서 따뜻해져 상승한 공기가 일본 부근에 하강해서 따뜻해졌기 때문에

　3 폭염의 원인은 태평양 고기압이지만, 올해는 러시아 근해에서 상승한 공기에 의한 하강 기류도 더해졌기 때문

　4 폭염의 원인은 태평양 고기압이지만, 러시아의 한파 등, 세계적인 이상 기후의 원인이 된 편서풍도 더해졌기 때문

10 어째서 ②시기를 놓치지 않기를 빌 뿐이다라고 말하고 있는가?

　1 선진국과 개발도상국 사이에 이산화탄소의 배출 규제를 실시할 필요가 있기 때문에

　2 선진국과 개발도상국 사이에 경제 문제가 심각해졌기 때문에

　3 선진국과 개발도상국 사이에 결정한 것에 대한 실행에 문제가 있기 때문에

　4 이상 기후 등 지구촌이 안고 있는 환경문제에 대한 대책이 늦어져서는 안 되기 때문에

11 이 문장의 내용으로 보아 올바르지 않는 것은 어느 것인가?

　1 세계 각국이 이산화탄소의 배출 규제를 하지 않으면 손 쓸 시기를 놓치게 될 지도 모른다.

　2 비정상적으로 폭염은 지구온난화 현상의 영향으로 볼 수 있다.

　3 열사병은 야외뿐만이 아니라 집 안에 있어도 걸린다.

　4 장마 후, 한여름의 폭염인 날이 계속되고 있어, 전국 어디에서도 매일 37, 38도의 이상 고온이 되고 있다.

梅雨 장마 | 明ける 개다 | 真夏 한여름 | 猛暑日 폭염인 날, 찜통더위 날 | 連日 연일 | 続く 계속되다 | 全国的に 전국 적으로 | 異常な 이상한, 비정상적인 | 高温 고온 | 熱中症 열사병 | 死者 사망자 | 農作業中 농사 작업 중 | あるいは 혹은 | 野外 야외 | 倒れる 쓰러지다 | ただ事 보통일 | 状態 상태 | 高気圧 고기압 | 例年 예년 | 勢い 기세, 세력 | 赤 道 적도 | 付近 부근 | 暖める 따뜻하게 하다 | 上昇する 상승하다 | 上空 상공 | 行き場 갈 곳 | 南東 남동 | 北緯 북위 | 下降する 하강하다 | 固まり 덩어리 | 圧縮する 압축하다 | 暖まる 따뜻해지다 | フィリピン 필리핀 | 近海 근해 | 気流 기류 | 加わる 더해지다 | 熱波 열파 | 異常気象 이상 기후, 이상 기상 | 偏西風 편서풍 | いずれにせよ 어쨌든, 어쨌든 간에 | 地球温暖化 지구온난화 | つながる 연결되다, 관계가 있다 | 協調する 협조하다 | 二酸化炭素 이산화 탄소 | 排出規制 배출 규제 | スムーズに 원활하게, 순조롭게 | 国々 나라들 | 先進国 선진국 | 発展途上国 개발도상 국 | 着実な 꾸준한 | 意見調整 의견 조정 | 手遅れになる 손 쓸 시기를 놓치다 | 祈る 빌다, 기원하다 | 障害 장애 | 普 通 보통 | 寒波 한파 | 地球村 지구촌 | 抱える 안다 | 対策 대책 | 現象 현상 | 影響 영향 | ～のみでなく ～뿐만 아니 라 | かかる 걸리다

사람의 수명을 80년으로 봤을 경우, 인생에서 잠자는 시간, 먹는 시간, 경제 활동을 하는 시간, 그 외 잡일(注1)에 쫓기는 시간을 제외하면 불과 8년 정도밖에 남지 않는다고 한다.

우리가 이 세상에 태어나 80년을 살아도 순수하게 나 자신을 위해서 쓸 수 있는 시간은 고작 8년뿐이다. 하루로 말하면 30분도 되지 않는다.

이 ①8년이 어떤 사람에게는 1년뿐이며, 또 어떤 사람에게는 8년도 몇 십 년도 된다. 그 사람의 가치가 그 8년이라는 내용으로 나타나게 된다. 그 사람이 죽었을 경우 그 사람만의 시간에 어떤 삶을 살았는지가 후세에 남기는 흔적(注2)이 된다.

이 나만의 시간에 텔레비전만 보는 사람이 있다. 또 책을 좋아하여 독서에 열중하는 사람도 있으며, 취미 생활을 하는 사람도 있다. 또 봉사 활동이나 자선 활동에 힘쓰는(注3) 사람, 종교를 믿으며 열심히 선교 활동을 하는 사람도 있다면, 놀이나 도박에 빠지거나(注4) 열심히 술집을 드나드는 사람도 있다.

실로 다양하지만 나만의 시간의 보내는 내용에 따라 그 사람의 가치가 정해지며 후세의 평가가 된다고 생각하니 ②정신이 번쩍 든다(注5). 충실하게 시간을 쓰지 못했기 때문이다.

누구든지 인생의 마지막인 때가 오지만 그 때 후회하는 일이 없도록 이 나만의 귀중한 시간을 의의 있게 쓰지 않으면 안 되겠다는 상념이 드는 요즘이다.

(注1) 雑事 : 일상 생활 속에서 생기는 여러 가지 볼일
(注2) 痕跡 : 과거에 무엇이 있었는지를 알 수 있는 자취
(注3) 励む : 노력하다
(注4) 戯れる : 재미있어 하며 놀다
(注5) ハッとする : 생각지 못한 일로 놀라다

---

12 ①8년이 어떤 사람에게는 1년뿐이며, 또 어떤 사람에게는 8년도 몇 십 년도 된다라는 것은 어떤 뜻인가?

1 그 사람만의 시간에 어떤 삶을 살았는가에 따라, 후세 사람의 평가가 결정된다고 쉽게는 말할 수 없다는 것
2 그 사람만의 시간 활용법에 따라 1년의 가치로도 몇 십 년의 가치로도 된다는 것
3 80년의 인생을 살아도 나만을 위해서 사용할 수 있는 시간은 8년밖에 되지 않는다는 것
4 인생에 있어서 잠을 자거나 먹거나 일하거나, 그 외에 잡일에 쓰는 시간을 제외하면, 고작 8년 정도밖에 남지 않는다는 것

13 ②정신이 번쩍 든다라고 되어 있는데, 그 이유는 무엇인가?

1 나의 80년 인생을 후세의 사람들은 참고로 하니까
2 매일 유흥이나 도박으로 놀아나고 있기 때문에
3 누구라도 인생의 최후의 시기가 오기 때문에
4 나만의 시간에 대해서 만족할 수 있는 풍부한 시간 활용을 하고 있지 않으니까

14

이 문장의 내용과 맞지 않는 것은 어느 것인가?

1 인생 80년이라고 하지만, 정말 나만을 위해 사용할 수 있는 시간은 아주 적다.

2 그 사람의 삶의 방식, 특히 나만의 시간 사용법이 가장 중요하며, 그리고 후세의 평가를 받는다.

3 나만의 시간은 고작 8년으로 짧기 때문에 가능한 한 좋아하는 일, 즐거운 일은 해야 한다.

4 인생의 최후를 맞이했을 때 후회하지 않도록 하루하루를 귀중하게 살지 않으면 안 된다.

寿命 수명 | 眠る 잠자다 | 雑事 잡다한 용무, 잡일 | 追う 쫓다 | 除く 제외하다 | わずか 고작 | 純粋に 순수하게 | たった 고작 | 満たす 채우다, 충족시키다 | ある 어느, 어떤 | 価値 가치 | 中身 속, 내용 | 表れる 나타나다 | 亡くなる 죽다 | 生き方 삶의 방식 | 後世 후세 | 痕跡 흔적 | 読書 독서 | 熱中する 열중하다 | 趣味 취미 | ボランティア活動 봉사 활동 | チャリティー活動 자선 활동 | 励む 힘쓰다 | 奉仕 봉사 | 宗教 종교 | 熱心に 열심히 | 宣教活動 선교 활동 | 遊び 놀이 | ギャンブル 도박 | 戯れる 가지고 놀다, 시시덕거리다 | 酒場 술집 | 通う 다니다 | 実に 실로, 참으로 | 評価 평가 | ハッとする 깜짝 놀라다, 정신이 번쩍 들다 | 充実する 충실하다 | 最後 최후, 마지막 | 悔いる 후회하다 | 貴重な 귀중한 | 有意義に 의의 있게 | 今日この頃 요즘 | 日常 일상 | 用事 볼일, 용건 | 過去 과거 | 跡 자취, 자국 | 思いがけない 의외이다, 예기치 못하다, 뜻밖이다 | 働く 일하다 | 参考 참고 | 満足できる 만족할 수 있다 | 真に 참으로, 정말로

종합 이해

問題12 다음 문장은 사형 제도에 대한 A와 B의 의견이다. 두 문장을 읽고 다음 질문에 대한 답으로서 가장 적절한 것을 1, 2, 3, 4에서 하나 고르시오.

A

　사람이 해서는 안 될 일이라고 하면 무엇이 있을까? 낭비, 거짓말, 폭력, 금전 사기, 도둑질, 살인 등 여러 가지 있을 것이다. 그 중에서도 가장 해서는 안 되는 일은 살인일 것이다. 예컨대 대판 싸움을 하다가 우발적으로(注1) 사람을 때려 죽음에 이르게 했다면 조금은 이해가 가는 부분이 있을지도 모른다. (그래도 나쁜 행위임에는 변함없지만.)

　그러나 일로 몸이 지칠 대로 지쳐서 힘없이 터벅터벅 걸어서 귀가 중인 여성을 강제로(注2) 납치하여 폭행을 가하여 죽인다는 범죄를 이해할 수 있는 사람은 이 세상에는 없을 것이다.

　생명의 존엄이라는 둥 뭐라는 둥 시끄럽게 떠드는 사람도 있지만, 왜 사형은 유지되어야만 하는가 하는 이유가 이번 살인 사건에서도 분명해졌다. 피해자나 그 가족을 생각하면 사형 제도는 유지되어야 마땅하다.

(注1) 偶発的に : 우연히
(注2) 強引に : 강제로

B

　사람을 죽이는 행위는 인간으로서 가장 해서는 안 되는 일임에는 틀림없다. 그것도 이해관계가 전혀 없는 길 가는(注1) 사람을 아무 이유도 없이 강제로 끌고 들어가 폭행을 가한 끝에 죽이는 행위는 어떤 경우에도 용서 받을 수 없다. 사형에 처해야만 한다는 말을 들어도 어쩔 수가 없다. 그러나 한 번의 큰 잘못을 저질렀다고 해서 사람을 사형시키는 것은 문제가 있다고 생각한다. 왜냐하면 진범이라고 단정할 수 없는 경우도 이따끔 있기 때문이다.

　무참하게(注2) 죽인 사람에 대하여 인간의 존엄을 말하기는 뭐하지만, 내가 제일 염려하는(注3) 것은 정말 그 사람이 진범이라고 단정할 수 있느냐 하는 점이다. 만약 진범이 아니었다면 어떻게 할 것인가! 살인은 용서할 수 없지만 사형 시키는 것은 받아들일 수 없다. 만약에 진범이라 해도 속죄의 기회를 주는 것이 범죄 방지 효과도 기대할 수 있다. 사형은 안 했으면 한다.

(注1) 道行く : 길을 걸어가다
(注2) 無残な : 참혹한
(注3) 懸念する : 걱정하다

---

15 사형제도에 대해서 A와 B는 어떤 입장인가?

　1 A는 적극적으로 찬성하지만, B는 소극적으로 찬성한다.

　2 A는 적극적으로 찬성하지만, B는 부분적으로 찬성한다.

　3 A는 사형에 찬성이지만, B는 결과로서 반대의 입장을 취하고 있다.

　4 A도 B도 절대 반대한다.

16 A와 B 중 어느 쪽의 칼럼에도 쓰여 있는 것은 무엇인가?

　1 사람을 죽인 사람은 어떤 이유가 있어도 사형에 처해야 한다.

　2 우발적인 살인 사건은 100% 이해할 수 없는 것은 아니다.

　3 진범이라고 단정할 수 없는 경우도 있을 수 있으므로, 손쉽게 사형으로 해서는 안 된다.

　4 사람을 강제로 끌고 가 폭행을 가해 죽이는 행위는 용서 받을 수 없다.

浪費 낭비 | 嘘 거짓말 | 暴力 폭력 | お金の詐欺 금전 사기 | 泥棒 도둑 | 人殺し 살인 | 大喧嘩 큰 싸움 | 偶発的に 우발적으로 | 殴る 때리다 | 死に至らせる 죽음에 이르게 하다 | とぼとぼ 터벅터벅 | 帰宅 귀가 | 強引に 억지로, 강제로 | 拉致する 납치하다 | 暴行 폭행 | 加える 가하다 | 犯罪 범죄 | 生命 생명 | 尊厳 존엄 | 口うるさい (잔소리가) 시끄럽다 | 死刑 사형 | 維持する 유지하다 | 殺人事件 살인 사건 | 明らかになる 분명해지다 | 被害者 피해자 | 当たり前 당연함, 마땅함 | 偶然に 우연히 | むりやり 억지로 | 間違い 틀림, 잘못 | 利害関係 이해관계 | 道行く 길을 걸어가다 | 連れ込む 끌고 들어가다 | ～末に ～끝에 | いくらなんでも 어떤 경우에도 | 許す 용서하다, 허용하다 | 処する 처하다 | 過ち 잘못 | 犯す 저지르다 | 真犯人 진범 | 断定 단정 | 時として 때로는 | 無残な 무참한, 잔인한 | 懸念する 염려하다, 걱정하다 | 言い切れる 단정하다 | いただけない 받아들일 수 없다, 불만이다 | 償い 속죄 | 機会 기회 | 防止 방지 | 効果 효과 | 期待 기대 | 残酷な 잔혹한, 잔인한 | 積極的に 적극적으로 | 賛成する 찬성하다 | 消極的に 소극적으로 | 行為 행위

128

問題13 다음 문장을 읽고 다음 질문에 대한 답으로서 가장 적절한 것을 1, 2, 3, 4에서 하나 고르시오.

어느새(注1) 차는 문명의 이기(注2)도 무엇도 아닌 시대가 되었다. 일본의 총인구는 1억 2천 5백만 명. 승용차, 버스, 트럭 그리고 덤프카와 탱크로리 등 차량의 총 대수는 8천만 대 이상. 대충 계산해도 약 1.6명에 1대라는 엄청난 수이다.

이대로 계속 늘어가면 인간의 수보다 차량 수가 많아지지 않는다고도 단정할 수 없다. 그 어마어마한(注3) 수의 차가 도로를 아침도 점심도 저녁도 없이 달리고 있다. 차량의 수가 많은 만큼 사고에 의한 사상자도 해마다 증가하고 있는 것이 현재 상황이다.

대학 3학년에 재학 중인 딸이 면허를 따고 싶다고 말을 꺼내기에(注4) "왜 그것이 필요한가?"하고, 반쯤 화를 내면서 ①반쯤 의문스럽게 생각하면서 물었더니 딸이 말하기를(注5) "친구들 모두 가지고 있는 걸요"라고 한다.

그렇게 필요성도 없으면서 차 살 돈도 없는 주제에 면허를 따고 싶어 하는 이유가 도대체 어디에 있는 지 궁금해서 미칠 지경이다. 특히 딸의 경우 대학이 아주 가까운 곳에 있어서 걸어서 10분도 걸리지 않는데 말이다.

"친구들이 가지고 있다고 해서 자신도 가지지 않으면 안 된다고 하는 논리는 무엇을 근거로 하느냐?"고 ②좀 더 언성을 높여서 말했더니 "아빠는 시대에 뒤처졌어"라며 단도직입적으로 말했다.

시대의 변화에 어두워서(注6) 뒤처지는 사람을 보고 '시대에 뒤처진 사람'이라고 말하는 것은 알고 있지만 차 면허증이 없다고 해서 자신의 딸에게 '시대에 뒤처진 사람'이라는 말을 들으니 솔직히 좋은 기분이 안 든다.

"땄다 해도 어떻게 살 거냐?"고 더욱 소리 높여(注7) 말하였더니,

"아르바이트해서 계약금(注8)을 만들고 나머지는 대출을 받으면 돼."라고 반론한다.

"대출 같은 걸 받아서 어떻게 해서 갚을 건데?"라고 따져묻자,

"앞으로 1년이면 졸업이잖아요. 취직하면 그 정도는 대단한 액수가 아니에요."라며 추가 반론.

나는 필요성을 못 느낀 것은 아니지만 운전면허를 딸 마음이 생기지 않았다. 왜냐하면 돈 문제보다도 운동신경이 둔해서 사고에 대한 걱정이 있기 때문이다.

고등학교 친구들 중에 면허증을 가지고 있지 않은 사람은 나를 포함해서 단 세 명. 가지고 있는 사람은 만족스러운 듯이 "역시 있으면 편리해. 자네도 새삼스레 필요 없다고 말하지 말고 어서 따지 그래. 지금부터라도 따는 게 인생, 배나 즐겁다고. 저렴한 경차라면 그렇게 부담도 안 되고. 뭣하면 처음에는 싼 중고차부터 시작해도 돼. 시대에 뒤처지는 것도 정도라는 것이 있어."

'시대에 뒤처진 사람'이라는 말을 친구에게 들은 지 얼마 안 되었는데 딸에게마저 같은 말을 듣고 '나는 정말 시대에 뒤처진 사람인가?' 하고 곰곰이 생각해 보았다. 그러나 지난달 동창회에서 들은 또 하나의 이야기는 "기무라 말이야. 차 사고를 일으켜서 지금 큰일이야."라는 이야기였다. 그런 이야기가 내 귓전에서 멀어지지 않는 한 내 자신이 면허를 따는 일은 아마 없을 것이라고, 지금 이대로가 좋다고 스스로를 위로하고 있다.

(注1) もはや : 어느새
(注2) 利器(りき) : 편리한 기기

(注3) おびただしい : 엄청나다

(注4) 切り出す : 의논 따위를 내뱉기 시작하다

(注5) 曰く : 말하기로는

(注6) うとい : 잘 모르다

(注7) 声高に : 큰 목소리로

(注8) 頭金 : 계약 따위를 할 때 먼저 치르는 현금

---

17 ①반쯤 의문스럽게 생각하면서라고 되어 있는데, 어째서 그렇게 생각했는가?

1 딸은 아직 대학교 3학년이어서

2 딸은 아르바이트를 좋아하지 않아서

3 딸의 대학교는 가까이에 있어서

4 딸은 아직 운전면허가 없어서

18 ②좀 더 언성을 높여서 말한 것은 어째서인가?

1 친구들은 모두 면허를 가지고 있다고 들어서

2 '시대에 뒤처졌다'고 들어서

3 면허를 따겠다고 말을 꺼내서

4 아르바이트를 하겠다고 말을 꺼내서

19 필자는 운전면허에 대해 어떻게 생각하고 있는가?

1 필요성을 느끼고는 있지만, 돈이 들기 때문에 따고 싶지 않다.

2 필요성을 느끼고는 있지만, 운동신경이 둔하기 때문에 적극적으로 생각하고 있지 않다.

3 딸에게 뒤처지고 싶지 않기 때문에 머지않아 딸 생각이다.

4 '시대에 뒤처졌다'고 계속 말을 듣고 싶지 않기 때문에, 어차피 면허를 따는 것을 진지하게 생각하고 있다.

もはや 어느새, 이제는 | 文明 문명 | 利器 이기 | 総人口 총인구 | 乗用車 승용차 | トラック 트럭 | ダンプカー 덤프카 | タンクローリー 탱크로리 | ざっと 대충 | 計算する 계산하다 | ものすごい 엄청나다 | ~とも限らない ~라고도 단정할 수 없다 | おびただしい 엄청나다 | 道路 도로 | 昼 점심, 낮 | 事故 사고 | 死傷者 사상자 | 年々 해마다 | 増加する 증가하다 | 現状 현실, 현상 | 在学 재학 | 免許 면허 | 切り出す (말을) 꺼내다 | 要る 필요하다 | 怒る 화를 내다 | 疑問 의문 | 曰く 이르기를, 말씀하시기를 | ~くせに ~주제에 | 一体 도대체, 대관절 | 徒歩で 걸어서 | 論理 논리 | 根拠 근거 | 高めにする 높게 하다 | 時代遅れ 시대에 뒤처짐, 시대에 뒤처진 사람 | ずばり 거침없이, 단도직입적으로 | うとい 어둡다, 잘 모르다 | 正直 솔직히 말하자면 | 声高に 큰 소리로 | 頭金 계약금 | ローンを組む 론을 빌리다, 대출 받다 | 反論する 반론하다 | 返す (빚 등을) 갚다 | 問いただす 따져 묻다 | 卒業 졸업 | 就職する 취직하다 | 大した 대단한, 굉장한 | 追加 추가 | 額 액, 액수 | 運動神経 운동신경 | 鈍い 둔하다 | 倍 배, 갑절 | 軽自動車 경차 | 負担 부담 | 中古 중고 | つくづく 곰곰이, 골똘히 | 同窓会 동창회 | 耳元 귓가 | おそらく 아마도 | 自ら 스스로 | 慰める 위로하다, 달래다 | 機器 기기 | 契約 계약 | 現金 현금 | 前向き 적극적 | いずれ 어차피, 결국 | 真剣に 진지하게

問題14 다음 페이지는 여행사의 안내 팸플릿이다. 아래 질문에 대한 대답으로서 가장 좋은 것을 1, 2, 3, 4에서 하나 고르시오

20 이마나가 씨는 다음 달 골든위크를 맞이하여 한국 여행을 계획하고 있다. 이마나가 씨의 휴가는 4월 28일부터 5월 4일까지이다. 이마나가 씨는 문화유산이나 민속적인 것 등에 흥미가 있으나, 젊은이의 유행이나 패션에도 강하다. 물론 식도락(注1)도 아주 좋아한다. 여행사에 대한 대금 예산은 최대 45,000엔을 예정하고 있다. 집이 도치기 현이므로 나리타 공항을 이용하고 싶다. 이마나가 씨가 선택할 수 있는 코스는 몇 개 있는가?

1 한 개

2 두 개

3 세 개

4 네 개

21 오자카 요시코 씨는 10월의 결혼을 앞두고 애인과 한국 여행을 계획하고 있다. 역사나 문화 등에도 흥미는 있지만, 이번에는 어쨌든 미용에 포커스를 맞추고 있다. 여행사에 대한 대금 지불은 남자친구(注2) 몫을 포함하여 85,000~90,000엔을 상정하고 있다(注3). 오자카 씨는 작년에 친구 여러 명과 경주에 간 적이 있기 때문에 이번에는 피하고 싶다. 오자카 씨가 선택할 수 있는 코스는 몇 개인가?

1 한 개

2 두 개

3 세 개

4 네 개

코스	일정 및 내용 전 상품, 출발일을 포함하여 3박4일 전 상품, 숙소는 ABC호텔!	출발&도착지 예정 시간	요금
A코스	4/28(토)부터 5/3(목)까지 매일 출발 오랜 역사를 자랑하는 한국의 역사에 다가간다! 서울에 있는 고궁을 비롯하여 서울 반경 100km 이내의 명산·절·문화 유적을 탐방한다. 마지막 날은 동대문 시장에서 쇼핑!	나리타 오전 9시 나리타 오후 5시	44,800엔
B코스	4/28(토)부터 5/2(수)까지 매일 출발 한국의 문화유산을 중심으로 명산·절·불고기·비빔밥 등 식도락 가득! 서울의 번화가에서 쇼핑은 물론, 강남에서 극락 에스테!	나리타 오전 9시 하네다 오후 5시	40,000엔
C코스	4/28·5/1 (2회만) 출발 불고기의 본고장, 한국! 첫날은 전주 비빔밥. 이틀째는 수원 갈비, 아십니까? 라스트는 서울의 고궁 돌아보기와 명동에서 산책과 Duty Free 쇼핑! 남녀 커플인 경우는 여성만 극락 에스테!	하네다 오전 7시 하네다 오후 6시	47,000엔
D코스	5/1·5/3 (2회만) 출발 일본에 제일 가까운 부산에서 '돌아와요 부산항에'를 불러 보지 않겠습니까? 해산물의 천국, 부산 다음은 천년고도 경주 돌아보기. 다 헤아릴 수 없을 정도로 많은 문화유산을 자랑하는 경주! 경주를 보지 않고 한국을 말하지 말라! 물론 에스테도 딸려 있습니다.	나리타 오전 9시 나리타 오후 5시	41,700엔
E코스	4/28(토)부터 5/2(수)까지 매일 출발 섬 전체가 훌륭한 경관으로 가득찬 제주도. 휴화산의 섬, 제주가 연출하는 바다와 섬의 콘트라스트. 남녘 섬의 저녁 노을은 필시 당신의 청춘시대를 채색할 것임에 틀림없다. 해녀가 날라다 주는 바다의 진미. 자연의 신비인 갖가지 동굴들. 힘차게 떨어지는 폭포. 거기에는 필시 당신의 청춘이 녹아 있다. 연인이니까 제주를 보여 주고 싶다. 연인이니까 (제주의 황홀함을) 같이 나누고 싶다(注4).	나리타 오전 9시 나리타 오후 5시	47,000엔
F코스	4/28·5/1 (2회만) 출발 훌륭한 경관으로 가득 찬 제주도를 본 다음, 다도해 둘러보기. 일본의 원류라고도 하는 백제의 각지를 찾아가며 종착은 서울. 명동에서 공주님 에스테. 동대문 시장에서 한류 스타 상품 사 모으기(注5).	하네다 오전 5시 나리타 오후 7시	46,000엔

＊＊＊전 상품의 자세한 정보는 H/P를 보십시오.

＊＊＊에스테는 여성에 한함.

(注1) グルメ : 미식. 식도락

(注2) 想定(そうてい)する : 어떤 상황이나 조건을 가정하다

(注3) 彼氏(かれし) : 연인인 남성

(注4) 分(わ)かち合(あ)う : 서로 나누다

(注5) 買(か)いあさり : 여기저기 찾으면서 사 모으는 일

ゴールデンウィーク 골든위크(4월 말부터 5월 초에 걸친 연휴) | 迎える 맞이하다 | 計画する 계획하다 | 休暇 휴가 | 文化遺産 문화유산 | 民俗的 민속적 | 興味 흥미 | 若者 젊은이 | 流行 유행 | ファッション 패션 | グルメ 식도락, 미식가, 맛있는 음식 | 代金 대금 | 予算 예산 | 予定する 예정하다 | 空港 공항 | 利用する 이용하다 | 選択 선택 | 結婚 결혼 | 恋人 연인, 애인 | 歴史 역사 | 美容 미용 | フォーカス 포커스, 초점 | 当てる 맞추다 | 支払い 지불 | 彼氏 남자친구, 애인인 남성 | 分 분, 몫 | 含める 포함하다 | 想定する 상정하다 | 避ける 피하다 | 日程 일정 | 及び 및 | お宿 숙소 | 出発 출발 | 到着地 도착지 | 誇る 자랑하다 | 迫る 다가가다 | 故宮 고궁 | ～をはじめ ～을 비롯해 | 半径 반경 | 名山 명산 | 遺跡 유적 | 探訪する 탐방하다 | 焼肉 불고기 | ビビンバ 비빔밥 | 満載 가득 실음, 만재 | 繁華街 번화가 | 極楽 극락 | エステ 에스테, 미용 마사지 | 本場 본고장 | 初日 첫날 | カルビ 갈비 | ご存知 알고 있음 | 締めくくり 마무리 | 巡り 돌아보기 | ペア 짝 | 究極 궁극, 최고 | 海産物 해산물 | 天国 천국 | 千年古都 천년고도 | 数え切れない 헤아릴 수 없다 | ～ずして ～하지 않고 | 語る 말하다, 이야기하다 | 景観 경관 | 休火山 휴화산 | 演出する 연출하다 | コントラスト 콘트라스트, 대조 | 夕焼け 저녁 노을 | 青春時代 청춘시대 | 彩る 채색하다 | ～に違いない ～임에 틀림없다 | 海女 해녀 | 届ける 보내다, 배달하다 | 幸 자연의 산물 | 神秘 신비 | 洞窟 동굴 | 滝 폭포 | 溶ける 녹다 | 分かち合う 서로 나누다 | 源流 원류 | 各地 각지 | 訪ねる 방문하다, 찾아가다 | 終着 종착 | お姫様 공주님 | 韓流スター 한류 스타 | グッズ 상품, 물품 | 買いあさり 여기저기 찾아서 사 모음 | 詳しい 상세하다 | 食道楽 식도락

내용 이해 – 단문

問題10 다음 문장을 읽고, 다음 질문에 대한 답으로서 가장 적절한 것을 1, 2, 3, 4에서 하나 고르시오.

> '1+1=2', 이것을 부정할 자는 없을 것이다. 그러나 이것은 어디까지나 수학적인 이야기이며, 이 세상에는 때와 경우에 따라서 '1+1'이 '2' 이상의 의미를 지니는 듯한 일도 적지 않다. 예컨대 보통 크기의 가구 같은 것은 혼자서는 들어 올리기조차 불가능한데 둘이라면 보다 간단히 나를 수가 있다. 원래 두 사람(부부)였다가 이혼하여 혼자(독신)가 되어 보면 '2'는 '2'가 아니었다고 절실히 느끼게 되는 것이다. 부부는 수학적으로는 '2'지만 안심감, 용기라는 관점에서는 '3'도 '4'도 된다는 점을 깨닫는 것은 헤어진 후인 경우가 많다.
>
> (권영부 『영혼까지 사랑할 수 없으면 결혼하지 마라』에서)

1 이 문장에서 필자가 가장 말하고 싶은 것은 무엇인가?

1 물건을 옮길 때는 사람은 많을수록 좋다.

2 '1+1=2'라는 것은 영원불멸의 진리이다.

3 수학적인 '2'와 인생에 있어서의 '2'는 의미가 다르다.

4 이혼은 해서는 안 된다.

否定 부정 | あくまでも 어디까지나 | 数学的 수학적 | 例えば 예를 들어 | 普通 보통 | 家具 가구 | 持ち上げる 들어 올리다 | ～すら ～조차(도) ～까지도 | 運ぶ 옮기다 | もともと 원래, 본디 | 夫婦 부부 | 離婚する 이혼하다 | 独身 독신 | 切に 절실히 | 感じる 느끼다 | 安心感 안심감 | 勇気 용기 | 観点 관점 | 気づく 알아채다, 깨닫다 | 別れる 헤어지다 | 魂 혼, 영혼 | 永遠不滅の真理 영원불멸의 진리

'지구상의 얼음이 계속 녹아 해면이 상승할 우려가 있다'고 텔레비전 다큐멘터리 프로그램에서 보았다. 헤아릴 수 없을 정도로 많이 있는 공장이나 자동차, 에어컨에서 나오는 열이 지구의 평균 기온을 상승시켜 마침내는 남극이나 북극의 얼음까지 녹여 버리고 있다는 점이다. 세계 각지에서 이상 기상에 의한 집중호우, 그리고 그에 따른 홍수가 최근 눈에 띄게(注1) 많아졌다. 삼림은 벌채되고(注2) 사막화도 진행 중이다. 자연의 울음소리를 더 이상 모른 척 하는 것은 용납될 수 없는 것이다.

(注1) 目に見えて : 확실히. 눈에 띄게
(注2) 伐採する : 수목을 잘라내다

2 **문장 안의 자연의 울음소리와 관계가 먼 것은 어느 것인가?**

1 홍수

2 집중호우

3 삼림의 벌채

4 평균 기온의 상승

地球 지구 | 氷 얼음 | どんどん 계속 | 溶ける 녹다 | 海面 해면 | 上昇する 상승하다 | おそれがある 우려가 있다 | ドキュメンタリー番組 다큐멘터리 프로그램 | 数え切れない 다 셀 수 없다 | 工場 공장 | エアコン 에어컨 | 熱 열 | 平均気温 평균 기온 | ついに 마침내, 드디어 | 南極 남극 | 北極 북극 | 溶かす 녹이다 | 異常気象 이상 기상, 이상 기후 | 集中豪雨 집중호우 | 洪水 홍수 | 森林 삼림 | 伐採する 벌채하다 | 砂漠化 사막화 | 自然 자연 | 泣き声 울음소리 | ～ふり ～(하는) 척 | 許す 용납하다, 용서하다

　"일본이라고 하면 무엇이 떠오릅니까?"라고 제자인 유학생에게 매년 쓰게 하고 있다. 지금까지는 '친절', '부드러움(상냥함)', '선진국', '근면', '스모(注1)', '신칸센', '야구', '라면' 등등, 비교적 듣기 좋은(注2) 대답이 많았다. 그런데 언제부터인지 '무기력', '기대 밖', '희망 상실(注3)' 등 부정적인 말이 곧잘 들리게 되었다. 동일본 대지진 이후 특히 그렇다. 일본 안에 살고 있는 사람보다 외국에서 온 사람의 견해가 틀림없을 것이라고 생각했다. (후략)

(注1) 相撲 : 두 사람의 선수가 둥근 모래 원 안에서 넘어뜨리거나 밖으로 내보내거나 하여 승부를 정하는 일본 전래 경기

(注2) 聞こえのよい : 긍정적인. 듣기에 기분 좋은

(注3) 喪失 : 잃는 일

3 **이 문장의 내용과 맞는 것은 어느 것인가?**

1 최근 일본은 이전에 비해 외부의 견해를 의식하게 되었다.

2 자연재해 앞에서 인간은 완전히 무력하다.

3 유학생의 일본에 대한 이미지는 예전이나 지금이나 변함이 없다.

4 내부에서보다 외부에서 보는 것이 객관적으로 볼 수 있다.

思い浮かぶ 떠오르다 | 教え子 제자 | 留学生 유학생 | 親切 친절 | やさしさ 상냥함 | 先進国 선진국 | 勤勉 근면 | 相撲 스모 | 新幹線 신칸센 | 野球 야구 | 比較的 비교적 | 聞こえ 평판 | 返事 대답 | 無気力 무기력 | 期待はずれ 기대 밖 | 希望 희망 | 喪失 상실 | 耳に入る 들리다 | 東日本大震災 동일본 대지진 | 見方 견해 | 間違いない 틀림없다 | 後略 후략 | 砂 모래 | 倒す 넘어뜨리다, 쓰러뜨리다 | 勝負 승부 | 伝来 전래 | 競技 경기 | 肯定的 긍정적 | まったく 완전히 | 無力 무력 | イメージ 이미지 | 変わり 변함, 다름 | 内部 내부 | 外部 외부 | 客観的 객관적

걷는 속도를 연구하는 사람이 있는 모양이다. 그 사람에 따르면 일본인의 걷는 속도는 세계에서도 톱 클래스라고 한다. 빨리 걷는(注1) 이유는 여러 가지 있는데 '시간에 쫓기고 있기 때문에'가 No.1. "왜 시간에 쫓기고 있습니까?" 하고 물었더니 "밤늦게까지 안 자고 아침(출근/등교) 아슬아슬한 시간(注2)까지 자고 있기 때문에"가 톱. "어째서 일찍 잠자리에 들지 않습니까?" 하고 질문하였더니 "스마트폰을 이용한 게임이나 인터넷이 재미있어서 그만 장시간 하니까"라는 대답을 얻을 수 있었다.

(注1) 速歩き : 빨리 걷는 일. 속보
(注2) ぎりぎり : 더 이상 시간적 여유가 없는 상태

---

4 이 문장에서 필자가 가장 말하고 싶은 것은 무엇인가?

1 일본인의 걷는 방식은 세계에서 가장 빠르다.

2 스마트폰의 과다 사용이 행동양식을 바꾸고 있다.

3 스마트폰의 과다 사용은 건강에 좋지 않다.

4 밤 늦게까지 깨어 있으면 잠이 부족해지기 쉽다.

スピード 스피드, 속도 | 研究する 연구하다 | トップクラス 톱클래스 | 速歩き 빠르게 걸음, 속보 | 理由 이유 | 追われる 쫓기다 | 夜遅く 밤늦게 | ぎりぎり 빠듯함 | 眠りにつく 잠자리에 들다 | 質問する 질문하다 | スマートフォン 스마트폰 | つい 그만 | 長時間 장시간 | 得る 얻다 | 時間的余裕 시간적 여유 | 状態 상태 | 使い過ぎ 과다 사용 | 行動様式 행동양식 | 健康 건강 | 寝不足 잠 부족

21세기 개막 직전 윈도우즈가 탄생한 이래 컴퓨터 보급이 급속히 늘기 시작했다. "컴퓨터는 잘 모릅니다"로는 더 이상 말이 안 된다 컴퓨터를 켜고 뉴스를 보거나 주가의 움직임을 체크한다. 친구에게서 온 메일을 읽거나 필요한 것이 있으면 인터넷을 검색하여 쇼핑을 하기도 한다. 대학 리포트도 첨부 메일로 제출하는 것도 이미 당연. 회사의 일 등은 컴퓨터 없이는 더 이상 돌아가지 않는다. 편리해지기는 했으나 구속감을 느끼는 시대가 되어 버렸다.

---

5 어째서 필자는 더 이상 말이 안 된다고 말하고 있는가?

1 컴퓨터가 없으면 쇼핑이 불편하니까

2 컴퓨터는 아주 편리하니까

3 컴퓨터를 모르고는 현실 생활에서 곤란한 일이 많으니까

4 윈도우즈의 탄생은 획기적인 사건이니까

幕開け^{まくあ} 개막 | 寸前^{すんぜん} 직전 | ウィンドウズ 윈도우즈 | 誕生^{たんじょう}する 탄생하다 | 以来^{いらい} 이래, 이후 | 普及^{ふきゅう} 보급 | 急速^{きゅうそく}に 급속히 | 増^ふえる 늘다 | ニュース 뉴스 | 株価^{かぶか} 주가 | 動^{うご}き 움직임 | チェックする 체크하다 | ネット 인터넷 | サーチする 검색하다 | レポート 리포트 | 添付^{てんぷ}ファイル 첨부 파일 | 提出^{ていしゅつ}する 제출하다 | なし 없음 | 成^なり立^たつ 이루어지다, 성립하다 | 便利^{べんり} 편리 | 拘束感^{こうそくかん} 구속감 | 不便^{ふべん} 불편 | ~知^しらず (~을) 모름 | 現実生活^{げんじつせいかつ} 현실 생활 | 画期的^{かっきてき} 획기적 | 出来事^{できごと} 일어난 일, 사건

내용 이해 - 중문

問題11 다음 문장을 읽고 다음 질문에 대한 답으로서 가장 적절한 것을 1, 2, 3, 4에서 하나 고르시오.

> 스트레스는 만병의 근원이라는 식으로 말한다. 바로 그 말이 맞다고 생각하는데, 과연 스트레스를 받지 않고 사회생활을 영위할 수 있을까? 그것은 무리일 것이다.
>
> 스트레스 중에서 뭐니 해도 가장 큰 것이 직장에서의 스트레스다. 상사와 부하, 동료라는 사내 조직의 인간관계에서 받는 것, 그리고 거래처로부터 받는 것도 있다. 또 가정에서도 스트레스가 생기는 경우가 있다. 부부 싸움 같은 것이 그 전형일 것이다.
>
> 스트레스를 잘 안 받는 사람도 있는 듯하고, 반대로 스트레스를 받아 담아두기 쉬운 타입도 있다고 하는데, 이 스트레스가 원인으로 다양한 병이 생기기도 한다. 그 전형적인 것이 암이나 심장병, 뇌 관련 병이다. ①그런 가운데 어떻게 과중하게_(注1) 받은 스트레스를 해소해 가는가 하는 점이 인간의 행복, 그리고 장수의 열쇠가 된다. 자신이 좋아하는 취미를 가지는 것이 중요하다고 보는데, 취미생활도 시간과 돈이 없으면 생각대로 되지 않는 법이다.
>
> ②그래서 권유하고 싶은 것이 걷기나 자택에서 가능한 스트레칭 체조 같은 것이다.
>
> 마침_(注2) 지금 인기 스포츠인 프로야구의 휴식기이다. 선수들은 모두 각자 자율 트레이닝 중_(注3)이며 개개인이 기초 체력 만들기에 힘쓰고 있다. 그들과 같게는 안 된다 해도 자기 나름대로 기초 체력 트레이닝을 하여 심신을 다 건강하게 하고 싶다고 통감하고 있다.
>
> (注1) 過重^{かじゅう}に : 너무 힘들 정도
> (注2) 折^おりしも : 마침
> (注3) 自主^{じしゅ}トレ中^{ちゅう} : 자율적으로 트레이닝을 하는 기간

⑥ ①그런이란 무엇을 가리키고 있는가?

1 스트레스 중에서 가장 큰 것이 직장에서 받는 여러 가지의 스트레스이다.

2 스트레스를 받지 않고 사회생활을 하는 것은 어려울 뿐만 아니라 스트레스가 만병의 원인이 되고 있다.

3 스트레스를 받기 쉬운 타입도 있고, 반대로 잘 받지 않는 사람도 있다.

4 부부 싸움 등 가정에서의 스트레스가 큰 문제가 되고 있다.

7 ②그래서라는 것은 무엇을 가리키고 있는가?

1 스트레스 해소를 위해 프로 야구선수를 따라 운동을 하지 않으면 안 되므로

2 스트레스 해소가 자신의 인생에 커다란 영향을 주므로

3 스트레스가 원인으로 암이나 심장병, 뇌 관련 병이 생긴다고 하므로

4 스트레스 해소도 돈과 시간이 필요하고, 그것이 없으면 잘 안 되므로

8 이 문장에서 필자가 가장 말하고 싶은 것은 무엇인가?

1 스트레스 해소가 인간의 행복과 장수로 연결되기 때문에, 직장에서의 인간관계의 개선에 힘써야 한다.

2 인간의 행복과 장수를 위해서는 가정에서의 원만한 부부 사이가 가장 중요하다.

3 스트레스 해소가 인간의 행복과 장수로 연결되기 때문에, 시간과 돈이 없어도 가능한 걷기나 스트레칭 같은 것이 중요하다.

4 스트레스 해소가 인간의 행복과 장수로 연결되기 때문에, 프로 스포츠 선수들과 똑같은 기초 트레이닝을 해야 한다.

ストレス 스트레스 | 万病の元 만병의 근원 | まさに 바로 | その通り 그대로 | 果たして 과연 | 社会生活 사회생활 | 営む 영위하다, 운영하다 | 職場 직장 | 上司 상사 | 部下 부하 | 同僚 동료 | 組織 조직 | 人間関係 인간관계 | 取引先 거래처 | 家庭 가정 | 生じる 생기다 | 夫婦喧嘩 부부싸움 | 典型 전형 | 逆に 반대로 | 溜める 쌓다(←축적하다) | タイプ 타입 | ガン 암 | 心臓病 심장병 | 脳 뇌 | いかにして 어떻게 하여 | 過重に 과중하게 | 解消する 해소하다 | 幸福 행복 | 長生き 장수 | 鍵 열쇠, 관건 | お勧め 권하는 것 | ウォーキング 워킹, 걷기 | 自宅 자택 | ストレッチ体操 스트레칭 체조 | 折りしも 마침 | シーズンオフ 시즌 오프(season off), 시즌이 끝난 시기 | それぞれ 각자 | 自主トレ 운동선수 등이 자발적으는 하는 훈련 | 個人個人 개개인 | 基礎体力 기초 체력 | 励む 힘쓰다 | 同様に 마찬가지로 | トレーニング 트레이닝 | 心身 심신 | ともに 다 같이, 함께 | 痛感する 통감하다 | 期間 기간 | 指す 가리키다 | 解消 해소 | ならう 따르다 | 影響を与える 영향을 주다 | つながる 연결되다, 관계가 있다 | 改善 개선 | 円満 원만

고향은 멀리서(注1) 생각하는 것이라고 읊었던(注2) 무로우 사이세이(注3)의 유명한 시가 있다. 고향을 떠나 먼 곳으로 갔을 때 그리움이 더해진다는(注4) 것이리라.

고향은 나고 자란 곳이다. 부모나 가족, 혹은 동네 친구, 학교 친구와의 기쁨이나 슬픔이 뒤섞인(注5) 추억의 장소이며 정이 흘러넘치는 곳이다.

내 고향에는 쓰쿠바산(注6)이 넓은 평야에 웅대한 모습을 드러내고 있다. 산 주위는 사방팔방 완만한 평지가 이어지고 있다. 그 평야의 북방에 유일한 877m의 쓰쿠바산이 솟아(注7) 연봉을 이루고 있다. 그런 연유로 ①그림을 그리면 으레 쓰쿠바산과 근처를 흐르는 강 그리고 주변 논밭이라는 구도가 된다.

20대에 고향을 떠나 해외생활이 길기도 했고 오랫동안 고향을 뒤로 하고(注8) 있었다. 1년에 한 번 정도는 본가에 돌아오는 일은 있어도 옛 친구하고는 완전히 관계가 멀어져(注9) 버렸다.

얼마 전 일본에 돌아왔고 직장을 바꾸었다. 그 회사에서 동향 사람을 만날 수가 있었다. ②동향이라는 것만으로도 사투리(注10)가 무척 그리워서 자연히 친해졌다.

연어라는 물고기로 대표되는데, 강 상류에서 알을 낳고 치어(注11)는 어미의 시체(注12)를 먹이로 삼아

자란다. 이윽고 강을 타고 내려와 큰 바다(注13)로 길을 떠나간다. 그러나 다 자란 연어는 자손을 남기기 위하여 다시 같은 강의 상류로 되돌아와 그곳에서 산란한다. 그리고 그곳에서 마지막을 맞이한다(注14).

인간에게서의 고향도 마찬가지인지도 모른다.

(注1) 遠くにありて : 멀리서

(注2) 詠む : (시나 노래 따위를) 짓다. 읊다

(注3) 室生犀星 : 무로 사이세이(1889〜1962). 서정시인. 소설가

(注4) 募る : 점점 강해지다

(注5) 交じり合う : 서로 섞이다

(注6) 筑波山 : 이바라키현 남서부에 있는 산. 일본에서 유명한 100산 중의 하나

(注7) そびえる : 산이나 빌딩 따위가 높게 서 있다

(注8) 後にする : 떨어지다. 벗어나다

(注9) 縁遠い : 인간관계가 멀어지다

(注10) 訛り : 표준어가 아닌 지방의 말. 그 지역의 독특한 억양

(注11) 稚魚 : 알에서 갓 깨어난 물고기

(注12) 死骸 : 생명체의 죽은 몸

(注13) 大海原 : 크고 넓디 넓은 바다

(注14) 最期を迎える : 임종을 맞이하다. 죽다

---

9 ①그림을 그리면 으레 쓰쿠바산과 근처를 흐르는 강 그리고 주변 논밭이라는 구도가 되는 것은 어째서인가?

1 고향이, 광대한 평야 속에 쓰쿠바산이 솟아 있는 풍경으로 되어 있으니까

2 광대한 평야 속에 쓰쿠바산이 솟아 있는 풍경이 가장 멋지다고 배워 왔으니까

3 광대한 평야 속에 쓰쿠바산이 모습을 보이고 있는 그림을 언제나 봐 왔으니까

4 광대한 평야 속에 쓰쿠바산이 솟아 있는 구도로 그림을 그리는 것을 희망하고 있었으니까

10 ②동향이라는 것만으로도 사투리가 무척 그리워서 자연히 친해졌다고 되어 있는데, 그 이유로 맞지 않는 것은 어느 것인가?

1 오랫동안 떠나 있어 고향에 대한 그리움이 강해졌기 때문에

2 고향 사람, 특히 그 사투리가 그립지만, 꽤 잊어버렸기 때문에

3 고향은 가족이나 친구, 그리고 자연과의 애정이나 추억이 흘러넘치고 있기 때문에

4 고향은 멀리 떨어질수록 그리움이 강해지기 때문에

11 이 문장의 내용으로 보아 바르지 않은 것은 어느 것인가?

1 오랫동안 고향을 떠나 있으면 고향 사람의 사투리까지도 너무도 그리워지는 법이다.

2 고향의 자연은 잊기 어렵고, 언제까지나 기억에 머물러 있다.

3 오랫동안 고향을 떠나 있으면 친구관계도 소원해지고, 자신이 자란 자연에 대한 이미지도 바뀌어 버리는 법이다.

4 연어도 고향에서 태어나 고향에서 죽는데, 그것은 인간의 일생과 닮았다.

故郷(ふるさと) 고향 | 遠(とお)く 먼 곳, 멀리 | 詠(よ)む (시가 등을) 읊다, 짓다 | 離(はな)れる 떠나다, 떨어지다 | 遠方(えんぽう) 먼 곳 | 懐(なつ)かしさ 그리움 | 募(つの)る 점점 더해지다 | 生(う)まれ育(そだ)つ 나고 자라다 | 場所(ばしょ) 장소 | あるいは 혹은, 또는 | 近所(きんじょ) 근처, 동네 | 喜(よろこ)び 기쁨 | 悲(かな)しみ 슬픔 | 交(ま)じり合(あ)う 서로 섞이다, 뒤섞이다 | 思(おも)い出(で) 추억 | 情(じょう) 정 | あふれ出(で)る 흘러넘치다 | 平野(へいや) 평야 | 雄大(ゆうだい)な 웅대한 | 姿(すがた) 모습, 모양 | 見(み)せる 보이다, 드러내다 | 周囲(しゅうい) 둘레, 주위 | 四方八方(しほうはっぽう) 사방팔방 | なだらかな 완만한, 가파르지 않은 | 平地(へいち) 평지 | 続(つづ)く 이어지다 | 北方(ほっぽう) 북방 | 唯一(ゆいいつ) 유일 | そびえる 높이 솟다, 우뚝 솟다 | 連峰(れんぽう) 연봉 | なす 이루다 | 絵(え) 그림 | 描(えが)く 그리다 | 決(き)まって 으레 | 流(なが)れる 흐르다 | 周辺(しゅうへん) 주변 | 田畑(たはた) 논밭 | 構図(こうず) 구도 | 長(なが)い間(あいだ) 오랫동안 | 後(あと)にする 뒤로 하다, 떠나다 | 実家(じっか) 본가 | 旧友(きゅうゆう) 오랜 친구, 옛 친구 | すっかり 완전히 | 縁遠(えんどお)い 인연이 멀다 | 戻(もど)る 되돌아오다 | 同郷(どうきょう) 동향 | 訛(なま)り 사투리 | 懐(なつ)かしい 그립다 | 親(した)しい 친하다 | 鮭(さけ) 연어 | 代表(だいひょう)する 대표하다 | 上流(じょうりゅう) 상류 | 産卵(さんらん)する 산란하다 | 稚魚(ちぎょ) 치어 | 死骸(しがい) 시체 | えさ 먹이 | 育(そだ)つ 자라다 | やがて 이윽고, 머지 않아 | 下(くだ)る (낮은 곳으로) 내려가다 | 大海原(おおうなばら) 넓은 바다, 대해 | 旅立(たびだ)つ 여행을 떠나다 | 成長(せいちょう)する 성장하다 | 子孫(しそん) 자손 | 残(のこ)す 남기다 | 再(ふたた)び 재차 | 最期(さいご) 최후, 임종 | 迎(むか)える 맞이하다 | 詩歌(しいか) 시와 노래 | 叙情詩人(じょじょうしじん) 서정시인 | 小説家(しょうせつか) 소설가 | お互(たが)い 서로 | 交(ま)じる 섞이다 | 標準語(ひょうじゅんご) 표준어 | 地方(ちほう) 지방 | 地域(ちいき) 지역 | 独特(どくとく) 독특 | イントネーション 억양 | 卵(たまご) 알 | 孵(かえ)る (알이) 깨다, 부화하다 | 生(い)き物(もの) 생물, 생명체 | 広々(ひろびろ) 널찍한 모양 | 臨終(りんじゅう) 임종 | 広大(こうだい)な 광대한 | 風景(ふうけい) 풍경 | だいぶ 꽤, 상당히 | 愛情(あいじょう) 애정 | 満(み)ち溢(あふ)れる 넘쳐흐르다 | 記憶(きおく) 기억 | 留(とど)まる 머물다 | 一生(いっしょう) 일생 | 似(に)る 닮다

소행성(注1) 이토카와를 향하여 탐사선 '하야부사'가 2003년 5월에 발사되었다. 2005년 9월 이토카와에 도착, 같은 해 11월에는 미립자(注2)를 채취하였다. 그 후 귀환하게 되었는데 엔진 고장 등 잇따른 문제가 생겨 지구와 연락이 되지 않았다. 그 때문에 무사 귀환하는 것은 거의 불가능할 것으로 보였다.

그런데 2010년 6월, 그 때까지 통신 불능이었던 '하야부사'가 지구에 접근하여 무사히 호주 사막지대에 낙하한 것이다. 엔진 고장 등의 문제를 스스로 극복하여 수년에 걸쳐서 지구로 되돌아왔다.

①가지고 온 미립자를 조사한 결과가 나왔다. 그에 따르면 소행성 이토카와는 지름 약 20km의 소행성이 일단 산산조각이 난(注3) 다음 파편이 재차 모여서 탄생한 것이라는 것을 알게 되었다. 미립자는 기껏해야 800만 년 정도밖에 표면에 머물러 있지 않고 서서히 우주 공간으로 흩어져 날아갔다. 땅콩 같은 모양을 한 가장 긴 부분 약 500m의 소행성 이토카와는 10억 년 이내에 소멸할 가능성이 높다는 것이다.

그건 그렇고 이 '하야부사'가 무사 귀환했다는 것이 ②많은 사람들에게 용기와 감동을 주었다. JAXA(注4)의 담당자는 '하야부사의 기적~도전과 부활 : 오기(注5)와 인내'라는 테마로 강연회를 열고 있다. 인간도 일단 도전한 일이 실패할 것 같더라도 포기해서는 안 된다. 반드시 부활할 때가 온다. 그 때까지는 인내심과 오기가 필요하다.

(注1) 惑星(わくせい) : 태양의 둘레를 공전하는 별
(注2) 微粒子(びりゅうし) : 대단히 미세한 입자
(注3) 粉々(こなごな)になる : 부서져 작아지다
(注4) JAXA : 우주항공개발기구
(注5) 意地(いじ) : 끝까지 하려고 하는 마음자세

12 ①가지고 온 미립자를 조사한 결과는 어땠는가?

1 소행성 이토카와는 직경 약 20km인 소행성이 한 번 산산조각 난 것이 그 후 재차 결합해서 만들어진 것이다.

2 소행성 이토카와는 직경 약 20km인 소행성이 우주 공간에 흩어진 것의 일부이다.

3 소행성 이토카와는 직경 약 20km인 소행성이 800만 년 정도 지난 것이다.

4 소행성 이토카와는 직경 약 20km인 소행성이 10억 년 걸려 산산조각 난 것이 재차 모인 것이다.

13 ②많은 사람들에게 용기와 감동을 줬다는 것은 어째서인가?

1 이토카와가 한 번 산산조각 난 것이 재차 모여서 만들어진 소행성이기 때문에

2 잇달아 엔진 문제가 발생했지만 지상으로부터의 희미한 통신에 의지해 무사히 돌아왔기 때문에

3 지상과의 교신이 없는 와중에 잇따른 엔진 문제를 스스로 극복해 무사히 지구에 돌아왔기 때문에

4 한 번 도전한 일은 어렵더라도 포기해서는 안 된다고 강연회에서 호소하고 있기 때문에

14 이 문장의 내용으로 가장 적절한 것은 어느 것인가?

1 '하야부사'는 엔진 문제 등이 이어져 지상과의 교신도 할 수 없는 상태가 되어 지구에 돌아오리라고는 거의 예측 불능이었다.

2 '하야부사'는 수 년간이나 통신 불능이어서 담당 과학자 누구나가 잊고 있었다.

3 소행성 이토카와는 직경 약 20km의 것으로, '하야부사'가 그것을 발견한 것은 놀랄만한 일이다.

4 '하야부사의 기적~도전과 부활'이라는 제목으로 강연회가 열렸는데, 컴퓨터와 인간의 차이가 주제였다.

小惑星 소행성 | イトカワ 소행성 이름 | 向ける 향하다 | 探査機 (우주) 탐사선 | はやぶさ 탐사선 이름, '매'라는 뜻 | 打ち上げる 쏘아올리다 | 到着 도착 | 微粒子 미립자 | 採取する 채취하다 | 帰還する 귀환하다 | エンジン故障 엔진 고장 | 相次ぐ 잇따르다 | トラブル 트러블, 문제 | 地球 지구 | 連絡 연락 | 無事 무사 | 不可能 불가능 | 通信不能 통신 불능 | 接近する 접근하다 | オーストラリア 오스트레일리아, 호주 | 砂漠地帯 사막지대 | 落下する 낙하하다 | 克服する 극복하다 | 数年かけて 수년에 걸쳐서 | 持ち帰る 가지고 돌아오다 | 直径 직경, 지름 | 粉々になる 산산조각이 나다 | 破片 파편 | せいぜい 기껏 | 程度 정도 | 表面 표면 | 徐々に 서서히 | 宇宙 우주 | 空間 공간 | 飛び散る 흩날리다 | ピーナッツ 땅콩 | 形をする 모양을 하다 | 最長部 최장부, 가장 긴 부분 | 消滅する 소멸하다 | 勇気 용기 | 担当者 담당자 | 奇跡 기적 | 挑戦 도전 | 復活 부활 | 意地 오기, 고집 | 忍耐 인내 | テーマ 테마 | 講演会 강연회 | 行う 거행하다 | 失敗する 실패하다 | あきらめる 포기하다 | 太陽 태양 | 周り 주위, 주변 | 公転する 공전하다 | こわれる 부서지다 | 航空 항공 | 機構 기구 | やり通す 끝까지 하다 | 結合する 결합하다 | できる 생기다 | 過ぎる 지나다 | 地上 지상 | わずかな 사소한 | 頼り 의지 | 交信 교신 | 困難 곤란, 어려움 | 訴える 호소하다 | 予測 예측 | 発見する 발견하다 | 驚く 놀라다 | タイトル 타이틀, 제목

問題12 다음 문장은 흡연에 대한 A와 B의 의견입니다. 두 글을 읽고 다음 질문에 대한 답으로서 가장 적절한 것을 1, 2, 3, 4에서 하나 고르시오.

A

　담배가 몸에 나쁜 것은 누구라도 알고 있다. 미국의 전 대통령 빌 클린턴은 '담배는 마약이다!'라고 단언한 것으로 유명하다. 그가 왜 '마약이다!'라고 말했을까? 일국의 대통령으로서 담배에 관한 폐해(注1)를 충분히 알고(注2) 국민의 건강을 위하여 그렇게 말한 것은 아닐까? 최근 흡연자를 위한 '흡연 공간'도 필요하다고 주장하는 사람이 있는 모양인데, 솔직히 말해 '바보 녀석'이라고 말하고 싶어진다. 마약의 일종이라고까지 말하는 담배를 피우기 쉽게 하다니 그런 바보 같은 이야기는 없을 것이다. 담배꽁초(注3)를 함부로 버리게 하는 것보다는 '낫다고' 하는 의견도 있지만 좋지 않은 일은 좋지 않다. 흡연 공간을 주장하기(注4) 전에 남에게 폐를 끼치는 담배를 끊으면 어떨까. 내가 담배를 피우지 않으니까 말하는 것은 아니다. 민폐가 되니까 부탁하고 싶은 것이다.

(注1) 弊害 : 해, 나쁜 일
(注2) 知り尽くす : 전부 알고 있다
(注3) 吸殻 : 담배를 피우다가 짧아져서 버린 것
(注4) 唱える : 주장하다

B

　라면을 좋아하는 사람이 있는가 하면 쇠고기덮밥(注1)을 좋아하는 사람도 있다. 축구를 아주 좋아하는 사람도 있는가 하면 야구를 무척 좋아하는 사람도 있다. 사람의 취미·기호(注2)는 다른 것이 당연하다는 뜻의 사자성어가 십인십색이다. 그러나 사물의 좋고 나쁨을 자신의 취향의 잣대(注3)로 재는 것이 과연 올바른 일이라고 말할 수 있을까. 담배를 피우지 않는 사람이 짝짝 소리를 내면서 껌을 씹는 것도 소음이 아닌가. 껌으로 짝짝 소리를 내는 자유가 있다면, 담배를 뻑뻑 피울 권리도 있을 터이다. 담배의 폐해를 모르는 것은 아니지만, 그것보다도 "함께 살아가자."라고 외치면서 "그건 곤란하다."라고 하는 발상이 애당초 틀렸다. 담배를 피우지 않는 내가 이렇게 말하는 것은 '함께 사는' 일의 소중함 때문이다. 많이는 곤란하지만, 사람이 많이 모일 것 같은 장소에 한해서, 피울 수 있는 공간을 만드는 것도 어쩔 수 없는 일이라고 생각한다.

(注1) 牛丼 : 쇠고기를 올린 밥
(注2) 嗜好 : 선호
(注3) 物差し : 척도

15

A와 B의 내용에서 공통되는 것은 어느 것인가?

1 담배를 피우지 않는 A도 B도, 흡연 공간의 설치에는 반대이다.

2 A도 B도 담배는 피우지 않지만, 흡연 공간의 설치에는 찬성이다.

3 A도 B도 담배는 피우지 않지만, 양쪽 다 흡연자에 대한 이해도는 높다.

4 A도 B도 담배의 '폐해'라는 말을 쓰고 있다.

16 흡연 장소의 설치에 대해 A와 B의 생각으로 올바른 것은 어느 것인가?

1 A는 반대지만, B는 소극적으로 찬성의 의향이다.

2 A는 찬성이지만, B는 간접적으로 반대이다.

3 A도 B도 반대이다.

4 A도 B도 찬성이다.

元大統領 전 대통령 | 麻薬 마약 | 言い切る 단언하다 | 有名 유명함 | 一国 일국 | 弊害 폐해 | 知り尽くす 전부 알다 | 国民 국민 | 喫煙者 흡연자 | 主張する 주장하다 | 正直な 정직한, 솔직한 | 馬鹿野郎 바보 녀석 | 一種 일종 | 吸う 피우다 | 吸殻 담배꽁초 | 勝手に 제멋대로 | 捨てる 버리다 | まし 나음, 더 좋음 | 唱える 외치다, 주장하다 | 迷惑 폐, 귀찮음, 성가심 | 止める 끊다 | 頼む 부탁하다 | 牛丼 소고기덮밥 | 嗜好 기호 | 違う 다르다 | 当たり前だ 당연하다 | 意味合い 의미, 깊은 뜻 | 四字熟語 사자성어 | 十人十色 십인십색, 각양각색 | 良し悪し 좋고 나쁨 | 好き嫌い 호불호, 취향 | 物差し 자, 기준, 척도 | 計る 재다, 헤아리다 | 果たして 과연 | パチパチ 딱딱, 짝짝 | 音を立てる 소리를 내다 | ガム 껌 | 噛む 씹다 | ノイズ 노이즈, 소음 | 音を鳴らす 소리를 내다 | 自由 자유 | ぷかぷか 뻐끔뻐끔, 뻑뻑 | 権利 권리 | 共に 다 같이, 함께 | 叫ぶ 외치다 | 発想 발상 | そもそも 애초에 | 限る 한정하다, 제한하다 | 仕方がない 어쩔 수 없다 | 牛肉 소고기 | 乗せる 태우다, 얹다 | 好み 기호, 취향 | 尺度 척도, 자 | 共通する 공통하다 | 設置 설치 | 両方 양쪽 | 意向 의향 | 間接的 간접적

問題13 다음 문장을 읽고 다음 질문에 대한 답으로서 가장 적절한 것을 1, 2, 3, 4에서 하나 고르시오.

평소 우리는 별생각 없이 돈을 쓰고 있다. 좀 더 정확히 말하면 일본에 살고 있는 일본인이니까 보통 '엔(円)'을 쓰고 있다. 엔을 벌어서 엔을 쓴다는 것이 지극히 일반적이다.

그것이 '어째서 화제가 되는 것인가'라고 할지도 모르겠다. 그러나 먼 옛날이라면 몰라도 '경제'라는 것은 어느새 세계적 규모로 생각하지 않으면 안 되는 시대에 들어와 있다.

예컨대 일본의 어떤 회사가 선박을 만들기 위한 조선소 건설을 계획하고 있다고 하자. 자기 돈으로 자신이 짓고 싶을 뿐인데, 타사로부터의 권고(注1)가 오기도 한다. '지금 세계적으로 선박은 공급 과잉 상태에 있습니다. 그런 연유로(注2) ①귀사가 하시려고 하는 일을 재검토해 주십시오.'라고. 동종업종의 국내외로부터 불평 어린(注3) 권고문이 오는 경우도 있다.

하나 더 예를 들어 보자. 달고 맛있는 포도를 품종 개량하여 더 맛있는 것으로 만들었다고 하자. 달고 맛있으니까 짭짤한 가격이 된다. 그것을 재배하고 있는 농가는 당연히 수업이 는다(注4).

그 사실이 널리 알려져 전국의 다른 농가도 앞다퉈(注5) 일제히 재배하기 시작한다. 그렇게 되면 그 포도 값은 원래대로 비싼 가격에 팔릴까? 그렇게는 안 될 것이다.

'경제'가 가진 의미도 시대와 함께 변해오고 있다. 한 나라만의 경제를 생각하기에 세계는 너무 좁아졌다. 글로벌이라는 말은 '지구 단위'라는 의미이다. 글로벌한 사고방식을 못 하면 회사도 개인도 손해를 보기 쉬운 시대를 우리는 살아가고 있다.

한 달 동안 쭉 일하여 받은 돈은 당분간 국내에서 쓰기에는 그 값어치는 별로 달라지지 않는다. 물건의 가격도 가솔린 같은 특별한 것을 제외하면 심하게 바뀌지 않는다. 그러나 해외여행을 가게 되어 그것을 환전하게 되면 이야기는 달라진다. ②개인의 경우는 규모가 작을 테니까 아직 괜찮지만, 규모가 큰 무역 회사 같은 데는 결코 무시할 수 없는 액수가 된다.

엔은 분명히 일본 돈이다. 그러나 그 가치는 언제나 같지 않다는 점을 감안하여(注6) 환율이 좋을 때 달러로 바꾸거나 해 두면 약간의 이익을 얻을 수도 있다.

엔화 강세나 엔화 약세를 잘 활용하면 개인이라도 다소의 재테크가 가능한 시대이다. 뒤집어 말하면(注7) 이제는 세계적인 관점에서 '돈'을 생각하지 않으면 '좋지 않다'는 이야기다. 그다지 알려지지 않았을지도 모르지만 은행에는 외화를 직접 맡기거나 꺼내거나 할 수 있는 외화예금도 있다. 앞으로의 시대는 보통 계좌뿐만 아니라 이런 글로벌한 계좌도 하나 정도 있는 것이 좋을지도 모른다.

(스즈키 마사히로「당신의 엔은 문제 없습니까?」『시민과 은행 45호』에서)

(注1) 勧告(かんこく) : 무언가를 해주기를 바라는 강한 권유
(注2) つきましては : 그런 연유로. 따라서
(注3) 不平じみた(ふへい) : 불평 어린
(注4) 潤う(うるお) : 풍부해지다. 수입이 늘다
(注5) 我先に(われさき) : 남에게 지지 않으려고 앞다투어
(注6) 踏まえて(ふ) : 고려하여
(注7) 裏を返せば(うら かえ) : 반대로 생각하면

17 ①귀사가 하시려고 하는 일이라고 되어 있는데, 무엇을 의미하는가?

1 선박을 파는 일

2 선박을 소유하는 일

3 선박을 만드는 일

4 조선소를 만드는 일

18 ②개인의 경우는 규모가 작을 테니까 아직 괜찮지만, 규모가 큰 무역 회사에는 두 개의 '규모'가 쓰이고 있다. 각각의 의미는 무엇인가?

1 앞의 '규모'는 돈에 관한 것, 뒤의 '규모'는 수입량에 관한 것

2 앞의 '규모'는 돈에 관한 것, 뒤의 '규모'는 회사의 거래액의 크기에 관한 것

3 앞의 '규모'는 회사의 크기, 뒤의 '규모'는 수출량에 관한 것

4 앞의 '규모'는 회사의 거래액의 크기, 뒤의 '규모'는 수출량에 관한 것

19 필자가 말하고 싶은 것으로 가장 올바른 것은 어느 것인가?

1 엔화 약세일 때 달러를 사는 것이 좋다고 하는 말

2 엔화 강세일일 때 달러를 사는 것이 좋다고 하는 말

3 글로벌한 돈의 사용법과 은행 계좌의 소개

4 글로벌한 경제관념의 중요성과 은행의 이용법의 소개

普段 평소 | 何気なしに 별생각 없이 | 正確に 정확히 | 稼ぐ 돈을 벌다 | ごく 극히, 아주 | 一般的 일반적 | 話題 화제 | いつの間にか 어느 샌가 | 規模 규모 | 船舶 선박 | 造る 만들다 | 造船所 조선소 | 建設 건설 | 建てる 세우다 | 勧告 권고 | 供給 공급 | 過剰 과잉 | つきましては 그런 이유로 | 貴社 귀사 | なさる 하시다 | 再検討する 재검토하다 | 同業種 동종업종 | 不平 불평 | ～じみる 마치 ～같아 보이다 | 挙げる 들다 | ぶどう 포도 | 品種 품종 | 改良する 개량하다 | 作り替える 고쳐서 다시 만들다 | 結構な 훌륭한, 좋은 | 農家 농가 | 当然 당연 | 潤う 윤택해지다 | 知れ渡る 널리 알려지다 | 我先に 앞다투어 | 一斉に 일제히 | 狭い 좁다 | グローバル 글로벌 | 単位 단위 | 個人 개인 | 損害 손해 | 一月の間 한 달 간 | 働く 일하다 | 当分 당분간 | 値打ち 값어치 | ガソリン 가솔린 | 除く 제외하다 | ひどい 심하다 | 両替する 환전하다 | 貿易会社 무역 회사 | 決して 결코 | 無視 무시 | 額 금액 | 踏まえる 고려하다 | レート 비율, 시세 | 替える 바꾸다, 교환하다 | ちょっとした 대수롭지 않은, 약간의 | 利益 이익 | 円高 엔화 강세 | 円安 엔화 약세 | 活用する 활용하다 | 財テク 재테크 | 裏を返す 같은 사정을 뒤집어 말하다, 반대로 말하다 | もはや 이제는 | 観点 관점 | 外貨 외화 | 直接 직접 | 預ける 맡기다 | 預金 예금 | 口座 계좌 | 勧め 권함, 권유 | 従って 따라서 | 収入 수입 | 競う 다투다, 경쟁하다 | 考慮する 고려하다 | 輸入量 수입량 | 取引額 거래액 | 輸出量 수출량 | 紹介 소개 | 観念 관념 | 大事さ 중요함

問題14 다음 페이지는 나카무라 치과 의원의 진료 시간표입니다. 다음 질문에 대한 답으로서 가장 적절한 것을 1, 2, 3, 4에서 하나 고르시오.

20 도쿄의 한 자동차 부품 회사의 사원 요코야마 씨는 요즘 원인 불명의 치통으로 괴로워하고 있다. 오늘 아침 (월요일) 한 치과 의원 앞을 지나갈 때 진료 시간을 메모해 왔다. 요코야마 씨는 수요일 오전에는 줄곧 현장에서 생산 감독. 12시에 손님과 점심 약속. 오후부터 출장을 떠나 회사 복귀는 목요일 오후. 토요일은 친척의 결혼식 때문에 시코쿠에 가게 되어 있다. 나카무라 치과 의원은 예약제로 이틀 전까지 예약을 하지 않으면 진료를 받을 수 없다. 이번 주 금요일은 의사 선생님이 학회에서 발표를 해야 하기 때문에 하루 종일 휴진이다. 요코야마 씨가 가장 빨리 치료를 받을 수 있는 날은 언제인가?

1 이번 주 화요일 오후

2 이번 주 수요일 오전

3 다음 주 월요일

4 다음 주 화요일

21 요코야마 씨의 출장이 상대 회사의 사정에 의해 연기가 되어 다음 주 월요일에 가게 되었다. 예약 취소 전화를 하고 새로운 진료일을 지정 받았다. 요코야마 씨가 가장 빨리 진료를 받을 수 있는 날은 언제인가?

1 이번 주 수요일 오전

2 이번 주 수요일 오후

3 이번 주 목요일 오전

4 다음 주 화요일 오전

나카무라 치과의원 진료 시간표 (☆는 휴진)

	월요일	화요일	수요일	목요일	금요일	토요일	일요일
오전	9~12시	9~12시	9~12시	9~12시	10~13시	10~14시 (제 1 · 3주)	
점심시간	☆	☆	☆	☆	☆	13~17시 (제 2 · 4주)	☆
오후	13~16시	13~17시	☆	☆	14~20시		

歯科 치과 | 医院 의원 | 診療 진료 | 時間割 시간표 | 部品 부품 | 原因 원인 | 不明 불명 | 歯痛 치통 | 苦しむ 괴로워하다 | 通る 통과하다, 지나가다 | メモをとる 메모를 하다 | 現場 현장 | 生産監督 생산 감독 | 出張 출장 | 復帰 복귀 | 親戚 친척 | 結婚式 결혼식 | 予約制 예약제 | 診る (환자를) 보다, 진찰하다 | 学会 학회 | 発表する 발표하다 | 1 日じゅう 하루 종일 | 休診 휴진 | 診療 진료 | 相手 상대(방) | 都合 사정 | 延期 연기 | キャンセル 취소

내용 이해 - 단문

問題10 다음 문장을 읽고 다음 질문에 대한 답으로서 가장 적절한 것을 1, 2, 3, 4에서 하나 고르시오.

> 일을 진행하는데 결과가 중요한가 과정이 중요한가라는 질문을 받으면 당신은 어떻게 대답할까? 사람에 따라 일의 성격에 따라 전자라고 답하는 사람도 있을 것이며 후자를 중시하는 사람도 있을 것이다. 따라서 "이게 정답이다"라고 단언할 수는 없다. 그러나 60년간을 살면서 그 3분의 2를 회사에서 보낸 내가 보기에는 리절트(결과)보다 프로세스(과정)에 중점을 두는(注1) 것이 최종적으로는 좋은 결과로 끝나는 경우가 많았던 것처럼 느껴진다.
>
> (注1) 重きを置く : 중요하게 생각하다

1 필자는 일의 진행 방법을 어떻게 생각하고 있는가?

  1 결론적으로 과정을 우선해야 한다고 생각하고 있다.

  2 결론적으로 결과에 중점을 두어야 한다고 생각하고 있다.

  3 과정도 결과도 중요하기 때문에 우선 순위를 정하는 것은 어렵다고 생각하고 있다.

  4 일의 성격에 따라 과정과 결과의 우선 순위를 정해야 한다고 생각하고 있다.

進める 진행하다 | 過程 과정 | 前者 전자 | 後者 후자 | 重んじる 중시하다 | 正解 정답 | 言い切る 단언하다 | 費やす 소비하다 | 自分からすれば 내가 보기에는, 내 생각에는 | リザルト 결과 | プロセス 과정 | 重き 중요함, 중점 | 置く 두다, 놓다 | 最終的 최종적 | 感じる 느끼다 | 結論 결론 | 優先 우선 | 重点 중점 | 順位 순위

의학의 발달에 의해 인간의 평균 수명이 쑥 늘어나고 있다. 장수에 관심을 가지지 않는 인간은 있을 리가 없다. '고희(古稀)'란 '옛날부터 드물었다'는 의미로 70세를 의미한다. 그러나 80세, 90세를 넘는 사람이 얼마든지(注1) 있는 이 나라에서 '고희' 같은 것은 아직도 '갓난아기의 부류(注2)'이다. 행복의 기준은 건강, 부, 명예 등 여러 가지 있지만 앞으로는 '아름답게 늙는 것'도 그 안에 넣어야만 할 항목이 아닐까? '고희'는 이미 '오랜 기록(古記(注3))'인지도 모른다.

(注1) ざらに : 얼마든지 있으며 드물지 않은 것
(注2) 類 : 같은 종류
(注3) 古記 : 오랜 기록

---

2 이 문장에서 필자가 가장 말하고 싶은 것은 무엇인가?

1 의학의 발전에 의해 인간의 평균 수명이 크게 늘고 있다.

2 장수에 관심을 갖는 사람이 대단히 증가하고 있다.

3 평균 수명이 늘어난 만큼 나이를 나타내는 말을 고쳐야 한다.

4 평균 수명이 늘어난 만큼 노인의 삶의 의미를 다시 생각해야 한다.

医学 의학 | 発達 발달 | 平均寿命 평균 수명 | ぐんと 쑥 | 長生き 장수 | 関心 관심 | 古稀 고희, 70세 | 古くから 옛 날부터 | 稀だ 드물다 | 超える 넘다 | ざらに 수두룩이 | 類 (같은) 종류 | 幸せ 행복 | 基準 기준 | 富 부 | 名誉 명예 | 老いる 늙다 | 項目 항목 | 珍しい 드물다 | 種類 종류 | 記録 기록 | 非常に 대단히 | 増加する 증가하다 | 歳 나이 | 示す 나타내다 | 直す 고치다 | 年寄り 노인 | 考え直す 다시 생각하다

인간의 몸은 한 사람 한 사람 차이는 있겠지만, 10대 후반부터 노화가 시작된다고 단언하는 동료(注1)가 있 다. 식생활이나 몸의 사용방식, 유전적 요소 등에 의해 차이가 있지만 그것은 확실한 것 같다. 중년·장년·노년이라는 말이 있기는 하나, 성장이 멈춘 10대 후반 그것은 찾아온다. 그렇다면 노후 준비는 50대나 60대의 이야기가 아니라 성인식을 맞이한 무렵부터 이미 시작하지 않으면 안 된다는 말인가? (후략)

(注1) 仲間 : 친구. 여기서는 '동료 의사'

---

3 문장 안에 그것은 확실한 것 같다라고 되어 있는데, 무엇이 확실한 것인가?

1 10대 후반부터 노후가 시작되는 것

2 10대 후반부터 노화가 시작되는 것

3 인간의 몸은 한 사람 한 사람 다르다는 것

4 식생활이나 몸의 사용 상태에 따라 노화가 나타나는 것이 다르다는 것

老化 노화 | 仲間 패, 동료 | 食生活 식생활 | 遺伝的 유전적 | 要素 요소 | 差 차이 | 中年 중년 | 壮年 장년 | 老年 노년 | 成長 성장 | 訪れる 찾아가다, 방문하다 | 老後 노후 | 準備 준비 | 成人式 성인식 | 迎える 맞이하다 | あたり 쯤, 경 | 同僚 동료 | 医師 의사 | 表れ 표시, 나타남

종이가 없어지고 있다. 통신 기기의 멈출 줄 모르는 발달은 종이의 자리를 맹렬한 기세로 빼앗기 시작했다. 신문 대신에 휴대용 스마트폰으로 뉴스를 읽는 사람이 늘고 있다.

회사에서 하는 회의도 서류 대용으로 노트북이나 아이패드(iPad)를 열어서 한다. 수십 장의 서류도 이메일로 손쉽게 보낼 수 있다. 팩스가 나왔을 때의 놀라움 따위는 이미 옛날 이야기다. 그렇다고 해서 종이 문화가 완전히 없어진다고는 생각하지 않지만 <u>이 기세</u>는 분명히 너무 강하다.

4 문장 안의 이 기세란 무엇을 가리키는가?

1 멈출 줄 모르는 종이 문화의 발달

2 스마트폰으로 뉴스를 읽는 사람이 늘어나고 있는 것

3 종이 문화가 완전히 없어지는 것

4 종이를 사용하지 않게 되는 것

紙 종이 | なくなる 없어지다 | 通信機器 통신 기기 | とどまる 멈추다 | 座 자리, 위치 | 猛烈な 맹렬한 | 勢い 기세 | 奪う 빼앗다 | 代わり 대신, 대용 | 携帯用 휴대용 | スマートフォン 스마트폰 | 増える 증가하다 | 会議 회의 | ノートパソコン 노트북 | アイパッド 아이패드 | 書類 서류 | Eメール 이메일 | 簡単に 간단히, 손쉽게 | ファックス 팩스 | 昔の話 옛날 이야기 | 完全に 완전히

근래 가장 심각한 현대병의 하나가 컴퓨터 의존증이 아닌가 생각한다. 귀가 후, 컴퓨터를 켜고 메일을 확인하거나 조금이라도 게임을 하지 않으면 내 경우 일단 잠이 안 온다. 휴대전화를 집에 잊고 나오면 조바심이 나서 일이 손에 잡히지 않는다는 사람이 대부분이다. 이른바 휴대전화 의존증. 하물며(注1) 컴퓨터의 기능과 휴대전화의 기능을 겸비하고 있는 스마트폰은 단 하루인데도 일주일처럼 길게 느껴진다. 편리해졌으나 병도 증가한 느낌이 안 드는 것도 아니다.

(注1) ましてや : 하물며, 더욱더

5 이 문장에서 필자가 가장 말하고 싶은 것은 무엇인가?

1 편리해지지 않은 것이 결과적으로 다행이다.

2 편리해진 만큼, 너무 의지하게 되는 것은 생각해 볼 문제이다.

3 편리해지지 않아도 좋으니 병은 늘어나지 않았으면 한다.

4 현대병의 특징은 의존증에 있다.

深刻な 심각한 | 現代病 현대병 | パソコン依存症 (개인용) 컴퓨터 의존증 | 帰宅 귀가 | 立ち上げる 켜다, 기동시키다 | 確認する 확인하다 | ゲームをやる 게임을 하다 | 眠る 잠들다 | 携帯電話 휴대전화 | 焦る 초조해 하다 | 手につかない 손에 잡히지 않다 | いわゆる 소위, 이른바 | ましてや 더구나, 하물며 | 機能 기능 | 兼ね備える 겸비하다 | なおさら 더욱더 | 頼る 기대다, 의지하다 | 考え物 생각해 볼 일 | 特徴 특징

問題11 다음 문장을 읽고 다음 질문에 대한 답으로서 가장 적절한 것을 1, 2, 3, 4에서 하나 고르시오.

'돈은 부리기 좋은 머슴(注1)이지만 나쁜 주인이기도 하다.' 이것은 영국의 철학자 프란시스코 베이컨이 한 말이다. 이 말의 의미를 생각해 보았다.

먼저 ①돈은 부리기 좋은 머슴이다'라는 말부터 고찰해 보자. 돈이 있으면 맛있는 것도 먹을 수 있고, 멋지고 마음에 드는 옷을 입을 수 있다. 그리고 좋아하는 장소에서 취향에 맞는 집에서 살 수 있다. 물론 끝내주는 관광지에 여행도 할 수 있다. 또 대학이나 대학원에서 자신이 하고 싶은 공부도 할 수 있으며 회사든 학교든 세우는 것도 가능하다.

당연히 어려운 사람이나 사회에 돈을 기부함으로써 달성감이나 만족감도 얻을 수 있을 것이다. 사실 빌게이츠 같은 경우는 거액의 돈을 사회에 환원하여(注2) 암이나 여러 가지 연구 분야에 공헌하고 있다.

여기서 또 하나의 모습인 ②돈은 나쁜 주인이다'라는 것을 봐 보자.

먼저 돈이 신처럼 절대시된다는 점이다. 돈을 위해서라면 윤리도덕이나 법률에서 벗어난 일이라도 태연히 하는 사람이 있다. 도둑질, 사기, 매춘, 결국에는(注3) 보험금을 노린 살인 사건까지. 그리고 이런 것들은 매일 같이 뉴스에서 보도되고 있다.

이와 같이 돈은 때에 따라 부리기 좋은 머슴이 되기도 하고 나쁜 주인이 되기도 한다. 우리는 이런 사실을 충분히 이해하고, 남을 불행하게 만드는 나쁜 주인을 섬기지(注4) 않게끔 조심해야 한다(注5).

(注1) 召使 : 남의 집에 고용되어 세탁이나 청소, 그 외 여러 가지 가사를 돌보는 사람
(注2) 還元する : 되돌리다
(注3) あげくの果て : 결국
(注4) 仕える : 봉사하다. 그 사람을 위하여 가진 바를 다하다
(注5) 心すべきだ : 신경을 써야 한다. 주의해야 한다

6 ①돈은 부리기 좋은 머슴이다에 해당하지 않는 것에 가장 가까운 것은 어느 것인가?

1 신혼여행으로 동경하던 하와이 섬으로 떠났다.

2 생일 선물로 아내가 마음에 들어 하던 원피스를 사 주었다.

3 의대에 합격할 수 있도록 부정한 거액의 기부금을 대학에 보냈다.

4 돈이 없어서 진학하지 못하는 고아를 위해 지금까지 모은 돈을 기부했다.

7 ②돈은 나쁜 주인이다에 해당하지 않는 것은 어느 것인가?

1 주식이 오르면 이익이 많아지므로 사실과는 조금 다른 회사 정보를 흘렸다.

2 피아니스트가 되고 싶어서 음대에 들어가기 위해 비용이 드는 대학 교수의 개인 레슨을 받았다.

3 축구 대회에서 우승하기 위해 시합 전날 심판에게 특별한 선물을 주었다.

4 백화점에서 아무도 모르게 고가의 시계를 주머니에 넣었다.

8 이 문장에서 필자가 가장 말하고자 하는 것은 무엇인가?

1 돈은 인간의 소원을 무엇이든 실현해 주므로 이토록 고마운 것은 없다.

2 돈은 인간을 나쁜 방향으로 이끄는 경우가 많으므로 너무 가지려고 하지 않는 것이 좋다.

3 부자는 재산 상속 시 형제가 다투기 쉬우므로 주의해야 한다.

4 돈은 사용법, 목적에 따라 선으로도 악으로도 된다는 것을 잘 알아야 한다.

召使 머슴 | 主人 주인 | 哲学者 철학자 | 述べる 말하다 | 考察する 고찰하다 | おしゃれな 멋진, 화려한 | 気に入る 마음에 들다 | 服装 복장 | 身につける (옷을) 입다, (기술을) 익히다 | 好み 취향 | 住宅 주택 | すばらしい 훌륭하다 | 観光地 관광지 | 大学院 대학원 | ～であれ、～であれ ～든, ～든 | 寄付する 기부하다 | 達成感 달성감 | 満足感 만족감 | 事実 사실 | 多額 다액, 거액 | 還元する 환원하다 | 貢献する 공헌하다 | 神のごとく 신처럼 | 絶対視 절대시 | 倫理 윤리 | 道徳 도덕 | 法律 법률 | 外れる 벗어나다 | 平気 태연함, 아무렇지 않음 | 盗み 도둑질 | 詐欺 사기 | 売春 매춘 | あげくの果て 결국 | 保険金 보험금 | 目当て 목적 | 殺人事件 살인 사건 | 報道する 보도하다 | 時に応じて 때에 따라 | 不幸に 불행하게 | 仕える 섬기다, 봉사하다 | 心する 마음을 쓰다, 주의하다 | 雇う 고용하다 | 洗濯 세탁 | 掃除 청소 | 家事 가사 | 戻す 되돌리다 | 奉仕する 봉사하다 | 尽くす 있는 대로 다하다 | 気を配る 신경 쓰다 | 新婚旅行 신혼여행 | 憧れ 동경 | 医大 의대 | 合格 합격 | 不正な 부정한 | 巨額 거액 | 進学 진학 | 孤児 고아 | 貯める (돈을) 모으다 | 株式 주식 | 利益 이익 | 情報 정보 | 流す 흘리다 | ピアニスト 피아니스트 | 音大 음대 | 費用がかかる 비용이 들다 | レッスン 레슨 | 優勝する 우승하다 | 審判 심판 | 高価 고가 | ポケット 포켓, 호주머니 | ありがたい 고맙다 | 方向 방향 | 導く 이끌다 | 財産相続時 재산 상속 시 | 争う 다투다 | 目的 목적 | 善 선 | 悪 악

중고생을 중심으로 한 새로운 교육(인격 및 인간성 교육)이 확산되고 있다.

외국의 교육에서 힌트를 얻어서 시작된 것으로 세계적인 베스트셀러 『7가지 습관』을 토대로 한 교육이다. 이 책은 미국의 교육자 스티브 R. 코비 씨의 저서이다. 주체성이나 성실함, 협조성(注1)이라는 인격의 중요성을 설명하며(注2) 많은 기업이 연수에 도입하는 ①비즈니스 관련서의 고전적인 존재이다.

이 내용에 근거하여 어린이를 위한 교육 프로그램을 전개하고 '7가지 습관'을 가르치는 학원(注3)은 전국에서 214교에 이르며, 사립 중고등학교로도 확대되어 현재 도입교는 전국에서 87개교 정도로 되어 있다.

이 교육에서는 아이들이 자존심, 목표 계획을 세우는 방법부터 남에게 신뢰 받는 태도까지 실천적으로 배우고 있다. 중2인 한 학생은 "자신의 감정이나 반응은 선택할 수 있다는 사고방식을 배우고 분명히 새로워진 내 자신이 되었다."라고 말한다. 인간관계나 공부에서 고민에 빠졌을 때 그 수업을 떠올리고 대응한다고 하니 대단한 것이다.

학교에서는 교과서밖에 가르칠 수 없고 부모들도 일로 바쁘다. 또 중고생도 수험 공부에 쫓겨서 인간성이나 바른 사고방식 등에 관한 교육을 받을 기회가 적다. 이 교육 프로그램은 그들의 인격 형성, 인간성 교육에 크게 공헌하는 것으로 ②기대가 쏠리고 있다.

(注1) 協調性 : 이해가 대립하거나 성격이나 의견이 다를 경우 서로 양보하여 조화를 유지하려고 하는 성질

(注2) 説く : 설명하다, 말하다

(注3) 塾 : 학생들을 교육하는 사설 학원

9

①비즈니스 관련서의 고전적인 존재란 어떤 일인가?

1 많은 회사가 예전부터 이 『7가지 습관』을 토대로 한 사원 연수를 실시하고 있다.

2 많은 회사가 100년 이상 전의 역사적 고전 교재를 이용해 사원 연수를 실시해 왔다.

3 많은 회사가 이 『7가지 습관』보다 더 전의 고전 교재로 사원 연수를 실시하고 있다.

4 많은 회사가 『7가지 습관』을 비롯한 수많은 세계적인 베스트셀러로 연수를 실시하고 있다.

②기대가 쏠리고 있는 것은 어째서인가?

1 인간관계나 공부로 고민할 때 기분전환을 할 수 있으므로

2 학교에서는 수험 공부 중심이지만 가정에서 이 교육을 실시할 수 있으므로

3 학교에서도 인간성 교육을 하고 있지만, 이 '7가지 습관' 교육은 그 부족분을 채워주므로

4 학교에서는 수험 중심의 공부가 대부분이며, 인간성이나 인격 교육이 이루어지지 않고 있기 때문에

11

이 문장의 내용과 맞지 않는 것은 어느 것인가?

1 수험 공부로 바쁘고 고민도 많은 중고생을 위해 새로운 인격 및 인간성 교육이 확대되고 있다.

2 '7가지 습관'을 바탕으로 한 교육에서는 주체성 및 독자성을 갖는 것에 포인트를 두고 있다.

3 중고등학교나 학원에서도 이 '7가지 습관' 교육이 늘어나고 있으며, 학교 교육의 부족을 채워줄 수 있다.

4 '7가지 습관' 교육은 인간성 교육이 주류이며 예전부터 기업에서도 도입되었다.

中高生^{ちゅうこうせい} 중고생 | 中心^{ちゅうしん} 중심 | 教育^{きょういく} 교육 | 人格^{じんかく} 인격 | 人間性^{にんげんせい} 인간성 | 広^{ひろ}まる 확산하다 | ヒント 힌트 | ベストセラー 베스트셀러 | 習慣^{しゅうかん} 습관 | もと 근본, 토대 | 著書^{ちょしょ} 저서 | 主体性^{しゅたいせい} 주체성 | 誠実^{せいじつ}さ 성실함 | 協調性^{きょうちょうせい} 협조성 | 重要性^{じゅうようせい} 중요성 | 説^とく 설명하다 | 企業^{きぎょう} 기업 | 研修^{けんしゅう} 연수 | 取^とり入^いれる 받아들이다, 도입하다 | 古典的存在^{こてんてきそんざい} 고전적 존재 | 基^{もと}づく 근거하다 | 子供向^{こどもむ}け 아동용 | プログラム 프로그램 | 展開^{てんかい}する 전개하다 | 塾^{じゅく} 학원 | 上^{のぼ}る 이르다, 달하다 | 私立^{しりつ} 사립 | 広^{ひろ}がる 넓어지다 | 導入^{どうにゅう} 도입 | 自尊心^{じそんしん} 자존심 | 目標^{もくひょう} 목표 | 信頼^{しんらい}する 신뢰하다 | 態度^{たいど} 태도 | 実践的^{じっせんてき} 실천적 | 学^{まな}ぶ 배우다 | 生徒^{せいと} 학생 | 感情^{かんじょう} 감정 | 反応^{はんのう} 반응 | 選択^{せんたく} 선택 | 考^{かんが}え方^{かた} 사고방식 | 確実^{かくじつ}に 확실히 | 生^うまれる 태어나다 | 悩^{なや}む 고민하다 | 思^{おも}い出^だす 떠올리다 | 対応^{たいおう}する 대응하다 | 教科^{きょうか} 교과 | 受験勉強^{じゅけんべんきょう} 수험 공부 | 追^おう 쫓다 | 機会^{きかい} 기회 | 人格^{じんかく}づくり 인격 형성 | 貢献^{こうけん}する 공헌하다 | 期待^{きたい} 기대 | 利害^{りがい} 이해 | 対立^{たいりつ}する 대립하다 | 互^{たが}いに 서로 | 譲歩^{じょうほ}する 양보하다 | 調和^{ちょうわ} 조화 | 保^{たも}つ 유지하다 | 性質^{せいしつ} 성질 | 私設^{しせつ} 사설 | 教材^{きょうざい} 교재 | 用^{もち}いる 이용하다 | 数多^{かずおお}くの 수많은 | 気分転換^{きぶんてんかん} 기분전환 | 不足分^{ふそくぶん} 부족분 | 補^{おぎな}う 보충하다 | 拡大^{かくだい}する 확대하다 | 独自性^{どくじせい} 독자성 | ポイント 포인트 | 主流^{しゅりゅう} 주류

　아메요코야말로 상업지구^(注1)의 심장부라고 한다. 아메요코, 즉 아메야요코쵸^(注2)인데 대략 400m의 길에 약 400채의 가게가 늘어서 있다.

　여기가 생긴 것은 전후 바로 얼마 뒤의 무렵이다. 당시에는 사탕을 파는 가게가 200채 이상 있었고 그래서 이름이 붙은 것이다. 그 후 재일미군 병사들이 가지고 온 액세서리나 전기제품 등이 팔리게 되어 별명인 아메리카요코쵸가 탄생한 모양이다. 현재는 이 ①두 가지 이유로 통칭 아메요코가 되어 있다.

　아메요코는 말할 필요도 없이 쇼핑을 위한 장소^(注3)고 매년 연말이 되면 쇼핑 풍경이 텔레비전 같은

데서 보도되고 있다.

직업상(注4) 종종 아메요코에 가기도 하는데 항상 오고가는 사람들로 혼잡하다. 값도 교섭하기에 따라 싸게 해 준다. 특히 선어류는 저녁 무렵 가까이 가면 반값 정도까지 깎을 수 있다. JR 우에노역과 오카치마치역 사이에 있어서 교통편도 좋은지라 주말 같은 때는 점원(注5)의 쩌렁쩌렁한 목소리가 울려 퍼진다.

최근에는 외국인도 가게를 차려(注6) 터키인 등의 가게도 오픈 중이다. 아메요코는 저렴함이 특징이며 해외 유명 브랜드 상품을 20~30% 할인된 가격으로 사는 일도 가능하다.

또한 유명한 관광명소인 아사쿠사에서도 가깝고, 외국인 관광객도 많기 때문에 국제색이 풍부하다. 가 보고 그리고 물건을 사 보고 ②확실히(注7) 여기가 상업지구의 심장부라고 실감하게 된다.

(注1) 下町 : 도시에서 바다나 강에 가깝고 상공업자들이 많이 모여 있는 지역

(注2) 横丁 : 큰길가에서 옆으로 들어간 좀 작은 듯한 길가

(注3) スポット : 장소, 지점

(注4) 仕事柄 : 일의 성격상

(注5) 売り子 : 손님에게 상품을 파는 일을 하는 사람

(注6) 構える : 내다

(注7) まさしく : 확실히, 분명히

12 ①두 가지 이유란 무엇을 가리키는가?

1 전후, 미국인이 사탕을 파는 가게를 냈기 때문에

2 전후, 사탕을 파는 가게가 많았던 것과 미국인이 가게를 내어 액세서리나 전기제품을 팔고 있었기 때문에

3 전후, 사탕을 파는 가게가 많았던 것과 미국인이 가져 온 액세서리나 전기제품이 팔리고 있었기 때문에

4 전후, 일본의 사탕과 미국의 사탕을 파는 가게가 200채 이상 있었기 때문에

13 ②확실히 여기가 상업지구의 심장부라고 실감하게 되는 것은 어째서인가?

1 매년 쇼핑 풍경이 텔레비전에서 보도되고, 400m의 거리에 400채의 가게가 집중되며, 염가 판매와 외국인 손님도 많으므로

2 매년 쇼핑 풍경이 텔레비전에서 보도되고, 사탕을 파는 가게도 200채 있고, 미국에서 들어온 전기제품도 팔고 있으므로

3 매년, 쇼핑 풍경이 텔레비전에서 보도되고, 400m의 거리에 400채의 가게가 집중되며, 사람도 가게도 너무 많으므로

4 매년, 쇼핑 풍경이 텔레비전에서 보도되고 있으며, 아메요코는 염가 판매 특징으로 일본에서 제일 싼 가격으로 살 수 있으므로

14 이 문장의 내용에 대해 적절하지 않은 것은 어느 것인가?

1 아메요코는 교통편이 좋고 사람이 많이 모이며, 연말에는 그 풍경이 텔레비전에서 방영되고 있다.

2 아메요코는 흥정하면 상품의 가격도 깎을 수 있고, 저녁 무렵에는 특히 할인을 할 수 있다.

3 아메요코에서는 해외 유명 브랜드 상품이어도 싸게 살 수 있어 인기가 있다.

4 아메요코는 유명한 관광지인 아사쿠사에서도 가깝고 옛날부터 많은 외국인이 와서 가게를 내고 있다.

下町 し（したまち） 상인, 장인 등이 많이 사는 지역 | 心臓部 しんぞうぶ 심장부 | およそ 대략 | 通り とおり 길, 거리 | 並ぶ ならぶ 늘어서다 | 戦後 せんご 전후 | 間もない まもない 얼마 되지 않아 | 飴 あめ 사탕 | 名前がつく なまえがつく 이름이 붙다 | 在日米軍 ざいにちべいぐん 재일미군 | 兵士 へいし 병사 | 持ち込む もちこむ 반입하다 | アクセサリー 액세서리 | 電気製品 でんきせいひん 전기제품 | 別名 べつめい 별명 | 通称 つうしょう 통칭 | ショッピング 쇼핑 | スポット 장소, 지점 | 暮れ くれ 연말 | 風景 ふうけい 풍경 | 仕事柄 しごとがら 직업상 | たびたび 종종, 자주 | 報道する ほうどうする 보도하다 | 行き来する ゆきき する 오가다, 오고 가다 | 混雑する こんざつする 혼잡하다 | 交渉 こうしょう 교섭, 흥정 | 次第 しだい 나름 | 鮮魚類 せんぎょるい 신선한 생선류, 선어류 | 夕方 ゆうがた 저녁 무렵 | 半値 はんね 반값 | 値引き ねびき 가격 할인 | 交通の便 こうつうのべん 교통편 | 売り子 うりこ 판매원, 점원 | 大声 おおごえ 큰 목소리 | 響き渡る ひびきわたる 울려퍼지다 | 構える かまえる (가게 등을) 차리다 | トルコ人 トルコじん 터키인 | オープンする 오픈하다 | 安さ やすさ 저렴함 | ブランド品 ブランドひん 브랜드 상품 | オフ 할인(OFF) | 国際色 こくさいしょく 국제색 | 豊か ゆたか 풍부함 | まさしく 분명히, 확실히 | 実感する じっかんする 실감하다 | 都会 とかい 도시 | 商工業者 しょうこうぎょうしゃ 상공업자 | 横 よこ 가로, 옆 | 表通り おもてどおり 큰길가 | 地点 ちてん 지점 | 集中する しゅうちゅうする 집중되다 | 安売り やすうり 염가 판매 | 放映する ほうえいする 방영하다

종합 이해

問題12 다음 문장은 아침 식사를 거르는 것에 대한 A와 B의 의견이다. 두 문장을 읽고 다음 질문에 대한 답으로서 가장 적절한 것을 1, 2, 3, 4에서 하나 고르시오.

A

‘아침밥을 거르면 몸이 건강해진다’는 내용을 담은(注1) 책이 베스트셀러가 되었다고 하는데, 나도 그것을 실감하고 있는 한 사람이다. 몇 년 전, 속이 더부룩한 증상(注2)이 심해져 그 이후 자가요법(注3)으로 아침밥을 거르고 있다. 그것이 효과가 있었는지 어땠는지(효과가 있었다고 믿지만) 속이 더부룩한 증상이 말끔히 없어졌다. 아직 그 책을 손에 들고 읽어 보지는 않았지만, 경험을 해 본(注4) 자로서 꼭 일독을 하고 싶다고 생각하고 있다. 다만 어느 나라 어느 민족도 하루 세 끼가 지극히 일반적이니까 아침을 거르는 식생활이 정말 문제가 없는 건지 의문은 남는다. 그러나 몸은 정직하며 건강해진 것도 사실이니까 그 책의 주장에 동감한다.

(注1) 盛り込む もりこむ : 싣다, 쓰다
(注2) 胃もたれ いもたれ : 소화가 잘 안 되고 위가 무거운 느낌의 증상
(注3) 自家療法 じかりょうほう : 의학적인 근거보다도 자기 나름의 판단으로 행하는 치료법
(注4) 身に覚えがある みにおぼえがある : 무언가를 경험한 기억이 있다. 즉 더부룩한 증상이 나은 경험이 있다

B

아침밥을 거르면 몸이 건강해진다는 내용의 책이 대호평이라는데, 나는 그것은 위험한 발상이라고 생각한다. 인간은 야간에 잠자리에 들어(注1) 휴식을 취하고 있다. 그러나 휴식을 취하고 있는 동안에도 칼로리의 소화는 진행되며 아침이 되면 공복감을 느낀다. 그래서 '아침밥'을 먹는 것이다.

아침밥을 먹지 않으면 몸 속에 에너지가 충분하게 골고루 미치지 못하기 때문에 일어나 공부의 능률과 효과에 영향을 준다. 사실 아침을 먹는 학생과 거르는 학생들 사이에는 학업 성적에 큰 차가 난다는 통계 결과도 나와 있다. 야식을 하거나 숙취로 소화불량을 일으키는 경우에는 무리해서 먹지 않는 것이 좋다. 단 기본적으로 아침밥은 걸러서는 안 된다.

(注1) 眠りにつく : 자다

---

15 조식을 거르는 것에 대해 A와 B의 입장으로 올바른 것은 어느 것인가?

1 A도 B도 동감이다.

2 A도 B도 동감하지 않는다.

3 A는 동감하고 있지 않지만, B는 부분적으로 동감하고 있다.

4 A는 동감이지만, B는 동감하고 있지 않다.

16 A와 B의 칼럼 내용으로 올바른 것은 어느 것인가?

1 A는 평판이 좋은 책의 내용에 찬성이지만, 확인을 위해 사서 읽고 싶다고 생각하고 있다. B는 조식을 먹지 않는 것에는 문제가 있다고 생각하고 있다.

2 A는 평판이 좋은 책의 내용에 찬성이지만, 확인을 위해 사서 읽고 싶다고 생각하고 있다. B는 조식의 습관의 차이를 논하고 있다.

3 A는 평판이 좋은 책의 내용에 찬성이어서, 굳이 사서 읽고 싶다고는 생각하고 있지 않다. B는 책의 내용을 알아보기 위해 구입해서 읽어 보고 싶다고 생각하고 있다.

4 A는 평판이 좋은 책의 내용에 동감하지는 않지만, 사서 읽고 싶다고 생각하고 있다. B는 평판이 좋은 책의 내용에 동감하기 때문에 살 필요성을 느끼지 않고 있다.

朝食 조식, 아침 식사 ┃ 抜く 거르다 ┃ 朝ご飯 아침밥 ┃ 元気になる 건강해지다 ┃ 盛り込む 담다 ┃ 実感する 실감하다 ┃ 胃もたれ 소화가 되지 않아 속이 더부룩함 ┃ 自家療法 자가요법 ┃ 効く (약이) 듣다, (효력이) 있다 ┃ 例の 예의, 그 ┃ 手に取る 손에 쥐다 ┃ 身に覚えがある 자신이 그것을 한 기억이 있다 ┃ せび 꼭 ┃ 一読 일독 ┃ 民族 민족 ┃ 一日三食 하루 세 끼 ┃ 食生活 식생활 ┃ 疑問 의문 ┃ 主張 주장 ┃ 同感 동감 ┃ 載せる 싣다 ┃ 消化 소화 ┃ 症状 증상 ┃ 根拠 근거 ┃ 判断 판단 ┃ 治る 낫다 ┃ 大評判 대호평 ┃ 危険な 위험한 ┃ 発想 발상 ┃ 夜間 야간 ┃ 眠りにつく 잠자리에 들다, 자다 ┃ 休みを取る 휴식을 취하다 ┃ カロリー 칼로리 ┃ 空腹感 공복감 ┃ 覚える 느끼다 ┃ エネルギー 에너지 ┃ 行き届く 골고루 미치다 ┃ 能率 능률 ┃ 効果 효과 ┃ 影響を与える 영향을 주다 ┃ 学業成績 학업 성적 ┃ 統計 통계 ┃ 夜食 야식 ┃ 二日酔い 숙취 ┃ 翌朝 이튿날 아침 ┃ 消化不良 소화불량 ┃ 起こす 일으키다 ┃ 基本的 기본적 ┃ 立場 입장 ┃ コラム 칼럼 ┃ 評判 평판, 유명함 ┃ 違い 차이 ┃ 論じる 논하다 ┃ わざわざ 일부러, 굳이 ┃ 調べる 알아보다 ┃ 購入する 구입하다 ┃ 必要性 필요성

問題13 다음 문장을 읽고 다음 질문에 대한 답으로서 가장 적절한 것을 1, 2, 3, 4에서 하나 고르시오.

남자로 태어나느냐 여자로 태어나느냐는 성염색체에 의해 결정된다고 한다. 스스로 원해서 남자 혹은 여자로 태어날 수는 없다. 남자든 여자든 어쨌거나 인간임에는 변함 없다. 인간인 이상 장수에 대한 희망을 가지지 않는 사람은 없을 것이다.

의학의 전문적인 지식을 빌리지 않더라도 나라, 민족을 불문하고 대개 여자가 장수한다. 허리가 굽은 할머니는 자주 봐도 반대의 경우는 그다지 보이지 않는다. ①그 하나만 놓고 봐도 장수하는 여성이 많다고 말할 수 있을 것이다.

그것은 왜일까, 라는 것인데, 대개 남자는 밖에서 양식(注1)을 얻는데 있어서 많은 스트레스를 받기 쉽다. 그것이 원인으로 생명이 짧아진다고(注2) 하는 것은 동물 실험에서도 분명해져 있다.

반면에 여자는 남자가 얻어 온 양식으로 조리하여 가족에게 나누어 주고, 세탁을 하며 또 육아를 주로 맡는다. 맞벌이 시대에 들어선지 오래된 것은 부정할 수 없지만, 양식의 양이든 질이든 아직 ②그 본래의 모습은 크게 무너지지 않은 것도 부정할 수 없다(注3).

남자는 밖에서 양식을 얻기까지 보지도 알지도 못하는 사람과 좋든 싫든(注4) 경쟁을 강요받는 경우가 많다. 당연히 스트레스도 받기 쉽다. 그러나 여자는 가정 내에서의 생활이 길고 부딪힐 것 같은 일이 있어도, 그것은 집안일이기 때문에 받는 스트레스도 비교적 적을 것이다.

남성의 경우는 여성에 비해 병이나 부상, 사고 따위가 일어나기 쉬운 환경에 노출되어 있는 것도 평균 수명을 줄이는 원인이라고 하는데, 그래도 역시 제일 큰 원인은 스트레스임에 틀림없을 것이다.

그래서 오래 살기 위한 묘안이라는 것은 없을까 하는 이야기인데, 두 가지를 제안하고 싶다.

먼저 첫째는 평소부터 너무 스트레스를 느끼지 않도록 할 것. 응원하는 팀이 이겼니 졌니 하고 스스로 스트레스를 만들고 있다. 그보다 시합 자체를 즐기는 것이 어떨까 한다.

둘째는 스트레스를 줄일 수 있는·그런 취미를 가질 것. 말은 쉬워도 거기에는 시간과 돈이 들며, 그것이 또 다른 스트레스가 되는 것은 아니냐고 말할 수도 있다.

하지만 그 정도의 투자도 하지 않고 스트레스가 해소되느냐고 반문하고 싶다. 찾아 보면 돈도 시간도 별로 들지 않아도 되는 것도 필시 있을 것이다. 재미있고 열중할 수 있는 무언가를 가지고 있는 사람과 그렇지 않은 사람 사이에는 평균 수명의 차이라는 것이 분명히 존재한다는 조사 결과가 무엇보다도 그 사실을 여실히(注5) 말해 주고 있다.

(다무라 기치지로 『스트레스를 없애면 오래 살 수 있다』에서)

(注1) 糧 : 식량 또는 돈
(注2) 縮まる : 짧아지다
(注3) 否めない : 부정할 수 없다
(注4) よくも悪くも : 원하든 원치 않든
(注5) 如実に : 사실대로, 있는 그대로

17 ①그 하나만 놓고 봐도라고 되어 있는데, 이것은 무엇을 가리키는가?

  1 인간인 이상, 장수에 대한 희망을 갖는 것

  2 나라, 민족을 불문하고 거의 여자가 장수하는 것

  3 허리가 굽은 노인은 남성보다 여성이 적은 것

  4 성염색체로 남녀가 결정되는 것

18 ②그 본래의 모습이라는 것은 어떤 의미인가?

  1 일가를 유지하기 위한 양식을 얻는 일은, 주로 남자가 한다는 것

  2 일가를 지탱하기 위한 양식을 얻는 일은, 주로 여자가 한다는 것

  3 일가를 지탱하기 위한 양식을 얻는 일은, 남자와 여자가 동시에 한다는 것

  4 일가를 지탱하기 위한 양식을 얻는 일은, 맞벌이에 의해 가능하다는 것

19 이 문장의 내용으로 맞지 않은 것은 어느 것인가?

  1 스트레스가 원인으로 오래 살지 못하는 남성이 많다.

  2 스트레스를 줄이기 위해서는 취미를 가지는 것이 중요하다.

  3 야구와 축구 등을 보면서 승부에 기뻐하거나 슬퍼하거나 하는 것이 좋다.

  4 취미에도 돈과 시간이 들지만, 그것은 어쩔 수 없다.

性染色体 성염색체 | **願う** 원하다, 바라다 | **長生き** 장수, 오래 삶 | **希望** 희망 | **専門的** 전문적 | **知識** 지식 | **借りる** 빌리다 | **〜を問わず** 〜을 불문하고 | **大概** 대개 | **腰** 허리 | **曲がる** 굽다 | **見かける** (우연히) 보다 | **長寿者** 장수자 | **外** 밖 | **糧** 식량 | **多大な** 적지 않은 | **ストレスを受ける** 스트레스를 받다 | **原因** 원인 | **命** 생명 | **縮まる** 줄다, 짧아지다 | **明らかになる** 분명해지다 | **反面** 반면 | **調理する** 조리하다 | **子育て** 육아 | **主に** 주로 | **任す** 맡다 | **共稼ぎ** 맞벌이 | **久しい** 오래되다 | **否定** 부정 | **量** 양 | **質** 질 | **〜にしろ、〜にしろ** 〜하든, 〜하든 | **本来的** 본래적 | **姿** 모습 | **崩れる** 무너지다 | **否めない** 부정할 수 없다 | **見ず知らず** 전혀 모름 | **競争** 경쟁 | **強いられる** 강요 받다 | **ぶつかる** 부딪치다 | **身内** 가족, 친척 | **比較的** 비교적 | **比べる** 비교하다 | **ケガ** 다침, 부상 | **事故** 사고 | **環境** 환경 | **露出される** 노출되다 | **平均寿命** 평균 수명 | **縮める** 줄이다 | **妙案** 묘안 | **提案する** 제안하다 | **一つ目** 첫째 | **ふだん** 평소 | **応援する** 응원하다 | **チーム** 팀 | **勝った の負けたの** 이겼다는 둥 졌다는 둥 | **二つ目** 둘째 | **減らす** 줄이다 | **新たな** 새로운 | **投資** 투자 | **解消** 해소 | **反問する** 반문하다 | **探す** 찾다 | **済む** 끝나다, 해결되다 | **きっと** 아마도, 필시 | **熱中** 열중 | **如実に** 여실히 | **物語る** 말하다 | **食糧** 식량 | **ありのまま** 있는 그대로 | **老人** 노인 | **男女** 남녀 | **一家** 일가, 한 가족 | **支える** 유지하다, 지탱하다 | **勝負** 승부 | **やむを得ない** 어쩔 수 없다

問題14 오른쪽 페이지는 어느 텔레콤 회사의 안내 팸플릿이다. 다음 질문에 대한 답으로서 가장 적절한 것을 1, 2, 3, 4에서 하나 고르시오.

20 혼마 씨는 평소 낮에 스마트폰을 많이 쓰며 한 달 평균 8,000엔 정도 내고 있다. 올해 대학을 졸업하여 취직하는 것이 내정되어 있다(注1). 앞으로의 회사 생활에 맞추어 더 조건이 좋은 ABC텔레콤으로 바꾸려고 생각하고 있다. 만약에 혼마 씨가 지금까지와 별로 다르지 않은 사용방식을 취하는 것을 전제로 하면 앞으로 낼 전화요금은 얼마 정도인가? 계약기간은 3년을 생각하고 있다.

1 5,000엔 정도

2 5,600엔 정도

3 6,000엔 정도

4 6,600엔 정도

21 다무라 씨는 비즈니스맨으로 평소 문자 메시지(注2)를 많이 쓴다. 그래서 문자 메시지를 많이 보낼 수 있는 제도에 가입하려고 생각하고 있다. 다무라 씨의 생일은 3월 31일이다. 만약에 3년간 계약을 하면 월간 무료로 보낼 수 있는 문자 메시지 건수는 몇 건인가?

1 250건

2 350건

3 450건

4 500건

요 금 제	특 전	계약 기간 1년 이상 월간 무료 문자 메시지	계약 기간 2년 이상 월간 무료 문자 메시지	계약 기간 3년 이상 월간 무료 문자 메시지
뉴 스프링제	올 봄에 입학한 분에게는 무조건 20% 할인. 2년 계약의 경우는 25%. 3년 이상은 놀랍게도 30% 할인 !	50건	100건	150건
연인 러브러브제	만 19세부터 29세까지의 미혼 남녀가 동시에 가입하면, 매일 심야 11시부터 오전 8시까지의 통화 요금은 50% OFF. 토·일 0시부터 오전 8시까지는 통상의 30% ! 3년 이상의 계약자에게는 별도 50건의 무료 문자 메시지를 서비스해 드려요 !	100건	150건	200건
비즈니스 척척제	일을 척척 처리하는 당신에게 안성맞춤. 현재 샐러리맨이거나 취직 내정자 대환영 ! 2년 이상의 계약자에게는 25%, 3년 이상은 놀랍게도 30% 할인 !	100건	150건	250건
문자 메시지 무척 편함 송신제	문자 메시지를 많이 쓰시는 귀하, 올봄 대캠페인 중에 가입하시는 분에 한하여 듬뿍 서비스해 드려요 !	250건	300건	400건

* * *주의 : 여기서 쓰이는 「문자 메시지」란 100 문자까지의 단문을 의미합니다. 자세한 것은 H/P를 보십시오.

☆☆☆주목 ! ! 생일 더블 찬스 ! ! !☆☆☆

3월 1일부터 31일까지의 사이에 생일이 있는 사람은, 어느 요금제도에 가입해도 무료 문자 메시지를 더욱 플러스 !

2년 이상의 계약의 경우는 50건, 3년 이상이라면 100건이나 별도 선물 드립니다 !

(注1) 内定する : 원래 내부 결정의 의미이나 실제로 '결정'과 거의 같은 의미임

(注2) 携帯メール : 문자 메시지와 같은 의미

案内 안내｜パンフレット 팸플릿｜昼間 주간, 낮｜払う (돈을) 내다, (값을) 치루다｜就職する 취직하다｜内定する 내정되다｜合わせる 맞추다｜条件 조건｜換える 바꾸다, 교체하다｜前提 전제｜ビジネスマン 비즈니스맨｜携帯メール 문자 메시지｜制度 제도｜月間 월간｜件数 건수｜特典 특전｜とにかく 어쨌든, 여하튼｜なんと 놀랍게도｜〜割引 〜할 할인｜ラブラブ 러브러브, 남녀의 사이가 매우 좋음｜未婚 미혼｜加入する 가입하다｜深夜 심야｜通話 통화｜零時 0시, 자정｜通常 통상｜別途 별도｜プラスする 플러스하다, 더하다｜バリバリ 척척｜ぴったり 꼭, 딱｜サラリーマン 샐러리맨｜大歓迎 대환영｜ラクラク 여유 있고 편안함｜キャンペーン 캠페인｜うんと 잔뜩, 듬뿍｜送信制 송신제｜短文 단문｜ご注目 주목｜バースデー 생일｜ダブル 더블, 두 배｜チャンス 찬스｜現に 실제로｜ほぼ 거의｜同意 동의｜文字メッセージ 문자 메시지

정답과 해석

問題10 1③ 2② 3④ 4③ 5④

問題11 6③ 7② 8① 9① 10④ 11① 12① 13④ 14④

問題12 15④ 16④ 問題13 17① 18③ 19④ 問題14 20④ 21④

내용 이해 - 단문

問題10 다음 문장을 읽고 다음 질문에 대한 답으로서 가장 적절한 것을 1, 2, 3, 4에서 하나 고르시오.

할아버지가 돌아가신 것은 약 10년 전의 일. 98세였으니까 거의 한 세기를 살아 나왔다. 늘그막에 기억력이 약간 약해진 정도이고, 시력에도 청력에도 특별히 문제는 없었다. 할아버지는 때때로 손자인 나를 불러 옛날 이야기를 잘 들려 주셨다. 싫증이 날 정도로 많이 들은 것이 쓰레기에 관한 이야기. 자연의 사이클대로 살면 쓰레기는 생기지 않는다고 강조(注1)하셨다. 쓰레기 처리장에서 일한 지 어느새 30년. 나이를 먹어 가면 갈수록 할아버지가 그리워진다.

(注1) 力説 : 강조

---

1 이 문장의 내용에서 필자가 가장 말하고 싶은 것은 무엇인가?

1 할아버지에게 늘 귀여움을 받았다.

2 할아버지는 건강에 문제가 전혀 없었다.

3 해마다 쓰레기 문제가 심각해지고 있다.

4 오랫동안 쓰레기 처리장에서 일해서 점점 지치기 시작했다.

祖父 조부, 할아버지 | 亡くなる 죽다, 돌아가시다 | ほぼ 거의 | 生き抜く 살아 나오다, 살아 나가다 | 晩年 늘그막, 만년 | 記憶力 기억력 | 視力 시력 | 聴力 청력 | 特に 특별히 | ときおり 때때로 | 孫 손자 | 嫌になる 싫증이 나다 | ゴミ 쓰레기 | 自然 자연 | サイクル 사이클 | 力説 역설 | 処理場 처리장 | 歳を重ねる 나이를 먹다 | 恋しい 그립다 | 強調 강조 | かわいがる 귀여워하다 | 全く 전혀 | 年々 해마다 | 深刻 심각함 | 長年 오랫동안 | だんだん 점점 | 疲れる 지키다, 피로하다

틀림없는 쌍둥이인데도 나와 형(注1)의 성격은 완전히 정반대. 음악을 좋아하고 시를 읽거나 그림을 그리거나 하는 조용한 성격의 형과는 반대로 나는 어두워질 때까지 밖에서 축구나 야구에 빠지는 활동적인 성격. 곧잘 주위로부터 "쌍둥이인데도 정말 성격이 달라"라거나 "쌍둥이인데 이렇게 달라도 되는 거니?"라는 말을 들었다. 그러나 내 생각에는 그것은 겉과 속의 차이를 모르는 것밖에 안 된다. 삶은 달걀과 날달걀은 모양은 같아도 내용이 다르듯이.

(注1) 兄貴(あにき) : 형(兄)과 같은 의미로 약간 친근감이 들어간다

---

② 이 문장의 내용과 맞는 것은 어느 것인가?

1 조용한 성격의 나와는 반대로 형은 활동적이다.

2 활동적인 성격의 나와는 반대로 형은 조용한 성격의 소유자이다.

3 적극적인 나와는 반대로 형은 소극적이다.

4 형은 삶은 달걀을 좋아하지만, 나는 날달걀을 좋아한다.

間違(まちが)いない 틀림없다 | 双子(ふたご) 쌍둥이 | 兄貴(あにき) 형님 | 正反対(せいはんたい) 정반대 | 絵(え)を描(か)く 그림을 그리다 | 暗(くら)い 어둡다 | サッカー 축구 | 野球(やきゅう) 야구 | 興(きょう)じる 흥겨워하다, 즐거워하다 | 活動的(かつどうてき) 활동적 | よく 자주, 곧잘 | 周(まわ)り 주위, 주변 | ~に言(い)わせれば ~의 말에 의하면 | 外見(がいけん) 외견 | 中身(なかみ) 내용물 | ゆで玉子(たまご) 삶은 달걀 | 生玉子(なまたまご) 날달걀 | 形(かたち) 모양, 형태 | やや 약간 | 親(した)しみ 친근함 | 持(も)ち主(ぬし) 소유자 | 積極的(せっきょくてき) 적극적 | 消極的(しょうきょくてき) 소극적

『쇼핑하는 법』이라는 책이 베스트셀러가 되었다고 한다. 그것에 따르면 비싼 물건의 특징은 겉모양이 좋은 데다가 오래 가고, 싼 물건은 디자인은 말할 것도 없고(注1) 수명도 짧다고 한다. 비싸더라도 싸구려(注2)를 여러 번 사는 것보다는 '좋다'는 것이다. 긴 안목으로 볼 것이냐, 눈앞의 일을 생각하느냐 하는 것이리라.

물론 돈 여유가 있으면 아무 걱정도 없다. 좌우지간 비싼 물건의 장점을 악용하는 모양만 싸구려에는 속지 말라며 그 책은 끝을 맺는다.

(注1) 言(い)うに及(およ)ばず : 말할 것도 없이
(注2) 安物(やすもの) : 값이 싼 물건

---

③ 베스트셀러의 저자가 가장 말하고 싶은 것은 무엇인가?

1 금전 사정이 나빠도 비싼 물건에는 그 나름의 장점이 있다는 것을 알아야 한다.

2 물건의 가격보다도 상품이 좋은지 나쁜지에 주의해야 한다.

3 질이 떨어지는 싸구려를 비싼 가격에 사거나 하지 않도록 주의해야 한다.

4 질이 떨어지는 싸구려의 외관에 속지 말고 합리적인 쇼핑을 해야 한다.

仕方 방법 | 特徴 특징 | 見かけ 겉모양 | 長持ちする 오래 가다 | 安っぽい 저렴해 보인다, 싸구려 티가 나다 | デザイン 디자인 | 言うに及ばず 말할 것도 없이 | 寿命 수명 | 高くつく 비싸게 치이다 | 安物 싸구려 물건 | 数回 수차례, 여러 번 | よろしい 좋다 | 長い目 긴 안목 | 無論 물론 | 余裕 여유 | 心配 걱정 | 要る 필요하다 | 何はともあれ 여하튼 | 悪用する 악용하다 | だます 속이다 | しめくくる 끝맺다, 매듭짓다 | 値 값 | 金銭事情 금전 사정 | 品物 물품, 상품 | 落ちる 떨어지다 | 合理的 합리적

컴퓨터와 인터넷의 급속한 발달로 우리들은 이제껏 경험하지 못한 정보 범람(注1) 속에 살고 있다. 컴퓨터 또는 인터넷을 자유롭게 쓰지 못하면 불편은 고사하고 많은 기회를 놓칠 가능성마저 있다. 별거 아닌 자료 찾기를 위해 아침 일찍부터 도서관으로 달려갔던 학창시절이 기억에 생생하다(注2). 그렇다고는 해도 정보의 타당성이나 질의 좋고 나쁨(注3), 그리고 그 취사선택 등 고민스러운 일도 늘어났다. 편리해진 것 같으면서도 머리 아픈 시대에 분명히 돌입해 있다.

(注1) 氾濫 : 너무 많아서 흘러넘치는 일
(注2) 記憶に新しい : 잊지 않고 잘 기억하고 있다
(注3) 良否 : 좋은 것과 좋지 않은 것

4 이 문장에서 필자가 가장 말하고 싶은 것은 무엇인가?

1 정보의 양보다도 질에 신경을 써야 한다.
2 정보의 취사선택으로 머리가 아픈 것은 문제다.
3 정보의 과잉으로 새로운 고민이 늘어난 것은 틀림없다.
4 인터넷을 자유롭게 사용할 수 없으면 불편해서 견딜 수 없다.

インターネット 인터넷 | 急速な 급속한 | 発達 발달 | われわれ 우리들 | 経験する 경험하다 | 情報 정보 | 氾濫 범람 | 自由に 자유롭게 | 不便 불편 | ～どころか ～은커녕, ～은 고사하고 | チャンス 찬스, 기회 | 逃す 놓치다 | 調べ物 자료 찾기 | 駆けつける 달려가다 | 記憶 기억 | 新しい 생생하다 | とはいうものの 그렇다고는 해도 | 妥当性 타당성 | 良否 좋음과 나쁨 | 取捨選択 취사선택 | 悩ましい 고민스럽다 | 突入する 돌입하다 | あふれる 흘러넘치다 | よく 잘 | 過剰 과잉 | 悩み 고민

카드라는 말을 들어서 무엇을 가리키는지 알 수 없을 만큼 '카드'가 늘어났다. 크리스마스 카드, 네임 카드(명함), 캐쉬 카드, 포인트 카드, 메모리 카드 등등 종류도 많다. 카드의 재질도 종이부터 플라스틱, 칩으로 완전히 바뀌고 있다(注1).

어떤 말에 다른 말이 붙은 말을 복합어라고 한다. 복합어는 사회의 발전이나 복잡화를 의미한다. 예를 들면 도로⇒고속도로에서도 알 수 있듯이. 길어진 말을 전부 말하기는 귀찮으니까 줄여서 말하는 것인데, 그것이 예와 같이 오해가 생기게 하는 것이다.

(注1) 様変わり : 모습이 완전히 바뀌는 일

---

5 문장 안의 예와 같이는 무엇을 가리키는가?

1 도로와 같이

2 고속도로와 같이

3 복합어와 같이

4 카드와 같이

カード 카드 | 指す 가리키다 | クリスマスカード 크리스마스 카드 | ネームカード 네임 카드, 명함 | キャッシュカード 캐시 카드 | ポイントカード 포인트 카드 | メモリーカード 메모리 카드 | 種類 종류 | 材質 재질 | プラスチック 플라스틱 | チップ 칩 | 様変わり 모습이나 형세가 완전히 바뀜 | つく 붙다 | 複合語 복합어 | 発展 발전 | 複雑化 복잡화 | 高速道路 고속도로 | 面倒だ 귀찮다 | 縮める 줄이다 | 例 예 | 誤解 오해 | 生じる 생기다, 일으키다 | 様子 모습, 모양 | すっかり 완전히

問題11 다음 문장을 읽고 다음 질문에 대한 답으로서 가장 적절한 것을 1, 2, 3, 4에서 하나 고르시오.

칠전팔기란 오뚜기(注1)로 상징되듯이 몇 번 넘어져도 또다시 용기를 내어(注2) 일어나거나 노력해 간다는 내용이다. 많은 사람들이 듣는 말이지만, 그와 같은 인생을 산(注3) 사람도 꽤 있다. 그들에게 공통되는 것 중 하나로 어린 시절의 불행한 기억이 있다. 어린 시절에 부모를 여의거나 친구로부터 왕따(注4)를 당하거나 또는 건강을 잃거나 하여 정신적 고통이나 경제적 고생 등을 경험한다.

그러나 ①그 때의 역경에 대한 체험이 '계기(注5)'가 되어 헝그리 정신이나 강한 도전 정신을 길러주고 있다. 결과적으로 그것이 나중의 활약이나 발전의 토대가 되어 있는 것이다.

반대로 순풍에 돛 단 듯한(注6) 인생을 살아오다가 갑작스러운 곤경(注7)에 처하게 되면 나약한(注8) 사람도 의외로 많다.

한편에서, 어린 시절부터 있었던 자신의 환경에 대해서 원망(注9)을 품고, 아웃사이더처럼 되어 범죄를 저지르거나 뒷골목 세계에 들어가는 사람도 있는 것이 또한 사실이다.

칠전팔기의 인생을 살아가는 사람에게는, 반드시 누군가 조력자가 있는 법이다. 정말로 곤경에 처했을 때, 유형무형의 도움을 받아 헤쳐나가는 경우가 많다. 옆에서 보면 단지 운이 좋았다고도 말할 수 있지만, ②눈에 보이지 않는 하늘의 도움이 작용한 것이리라. 실은 배후에 흔히 신앙심 깊은(注10) 어머니의 존재가 있거나 한다. 그 어머니의 자식을 생각하는 절실한 기도가 하늘에 닿은 것이라고 생각하니 애틋하기 그지없다.

(注1) 達磨^{だるま} : 달마 대사가 좌선한 모습으로 만든 장식물
(注2) 奮^{ふる}い立^たって : 용기를 내어
(注3) そのごとくの人生を歩^{あゆ}む : 그와 같은 인생을 살다
(注4) いじめ : 약한 자를 못살게 구는 행위. 왕따
(注5) ばね : 용수철. 여기서는 '계기'라는 뜻
(注6) 順風満帆^{じゅんぷうまんぱん} : 순풍만범(순조로운 바람에 돛을 다 펼침). 대단히 순조롭고 잘 되는 것
(注7) 苦境^{くきょう} : 괴로운 상태
(注8) もろい : 약하다
(注9) 恨^{うら}み : 당한 것을 되갚고 싶다고 생각하는 것
(注10) 信心深^{しんじんぶか}い : 신앙심이 강하다

---

[6] ①그 때의 역경에 대한 체험이란 어떤 것인가?

1 어린 시절에 친구에게 왕따를 당했거나 역으로 친구를 왕따시키거나 했던 경험

2 어렸을 때 몇 번을 넘어져도 용기를 내어 일어나거나 열심히 노력한 경험

3 어렸을 때 부모가 죽거나 자신이 병에 걸렸거나 친구에게 괴롭힘을 당했던 경험

4 어렸을 때 달마처럼 수련을 한 경험

②눈에 보이지 않는 하늘의 도움이 작용한 것이리라고 필자가 생각한 이유는 무엇인가?

1 순풍에 돛 단 듯한 사람에게는 반드시 조력자가 있어서 열심히 기도해 주니까

2 칠전팔기하는 사람에게는 보통 신앙이 깊은 어머니가 있어서 아이를 위해 열심히 기도하고 있으니까

3 칠전팔기하는 사람은 반드시 헝그리 정신이나 도전 정신을 가지고 열심히 노력하니까

4 칠전팔기하는 사람은 순풍에 돛 단 듯한 인생을 걸어 본 적이 없으니까

8 이 문장에서 필자가 가장 말하고 싶은 것은 무엇인가?

1 인생에서 칠전팔기해 열심히 노력해 성공하는 사람은, 의외로 어린 시절에 불행을 경험했고, 그것을 보고 기도하는 어머니나 하늘의 도움이 있기 마련이다.

2 인생에 있어서는 어린 시절의 불행은 반드시 계기가 되므로 나쁘다고만 생각하지 않아도 된다.

3 인간은 불행이 계속되면 아웃사이더적인 인생을 살기 쉽게 된다.

4 어렸을 때 불행을 경험한 사람으로 의외로 성공한 사람이 많다

七転び八起き 칠전팔기 | 達磨 달마, 오뚜기 | 象徴する 상징하다 | 転ぶ 넘어지다 | 再び 다시 | 奮い立つ 용기를 내어 일어서다, 분발하다 | 起き上がる 떨쳐 일어나다 | 耳にする 듣다 | そのごとくの 그와 같은 | 歩む 걷다, 나아가다 | けっこう 상당히, 꽤 | 共通する 공통되다 | 幼少期 어린 시절 | 不幸な 불행한 | 記憶 기억 | 親 부모(님) | 亡くす 잃다, 여의다 | いじめを受ける 왕따를 당하다 | 失う 잃다 | 精神的 정신적 | 苦労 고생 | 経済的 경제적 | 逆境 역경 | 体験 체험 | ばね 계기, 용수철, 스프링 | ハングリー精神 헝그리 정신 | チャレンジ精神 도전 정신 | 結果的 결과적 | 後 나중, 후일 | 土台 토대 | 逆に 반대로 | 順風満帆 순풍만범 | 突然 돌연, 갑자기 | 苦境 곤경 | もろい (마음이) 약하다, 여리다 | 案外 의외로 | 一方 한편 | 環境 환경 | 恨み 원망 | アウトサイダー 아웃사이더 | 犯罪 범죄 | 犯す (죄를) 저지르다 | 裏 뒷면, 뒤 | 援助者 조력자 | 有形無形 유형무형 | 助け 도움 | 越える 넘다 | はた 옆, 곁 | 単に 단지 | 運がよい 운이 좋다 | 天 하늘 | 働く 작용하다 | 背後 배후 | 信心深い 신앙심이 강하다 | 存在 존재 | 子 자식 | 祈り 기도 | 届く 닿다 | 大師 대사 | 座禅する 좌선하다 | 置物 장식물 | 勇気 용기 | 痛めつける 혼내 주다, 고통을 주다 | 行為 행위 | スプリング 스프링 | 契機 계기 | 順調で 순조롭게 | 苦しい 괴롭다 | 弱い 약하다 | やられる 당하다 | やり返す 반박하다, 다시 하다 | 信仰心 신앙심 | 修練する 수련하다 | 熱心に 열심히 | 成功する 성공하다

지금, 일본이 안고 있는 문제의 하나에, 고령화 문제가 있다. 고령화가 더더욱 진행되어 소위 고령자로 불리는 65세 이상의 사람이 놀랍게도 28% 가까이나 차지하고 있다. 20~30년 전부터 비약적인 의료 기술의 진보 덕분에 평균 수명이 아주 늘고 그 결과 ①이와 같은 현상이 더더욱 심각해지고 있다.

훨씬 옛날에는 '고희(注1)'라고 하여, 인생 70세를 사는 일은 너무 드문(注2) 일이라고 하였으나, 남녀의 평균 수명이 80세를 넘은 지금은 '고희'라는 말도 ②필요없게 되었다고 말할 수 있다.

인간으로서 태어난 이상, 누구라도 오래오래 행복하게 살고 싶다는 바람을 가지는 법이다. 수명이 늘어난 것은 분명히 좋은 일이라고 생각하지만, 정년퇴직 연령이 그만큼 늘었다는 이야기는 잘 못 듣는다.

생각하기에 따라서는, 인간이 가지고 태어나는 체력이라고 하는 것은, 옛날과 지금에서 그렇게(注3) 차이가 없다는 이야기의 증거인지도 모른다. 의료기술의 급속한 발달로 평균 수명은 늘어나기는 하였으나, 실제로 일할 수 있는 기간은 그다지 늘지 않았다는 말이 된다.

사람에 따라 자영업을 영위하거나 하는 케이스도 있으므로, 일률적으로는 말할 수 없지만(注4), 보통으로 생각하여 65세, 70세를 넘는 경우, 노동력도 아주 저하한다고 봐도 될 것이다.

알기 쉽게 말하면, 노동력이 저하한 인구가 늘어난 것이 '고령화'의 진정한 의미이다.

고령화 문제와 동시에 아이를 잘 낳지 않는 '저출산'도 큰 문제이다. 고령자가 늘어가는 것도 큰 문제인데, 새로운 생명이 태어나지 않게 되는 것도 엄청난 불안재료이다. 아이들이 태어나지 않게 되면, 경제산업면에 있어서 활력을 잃기 십상이며 그 영향은 아주 크다.

지금 일본은, 고령화 사회, 저출산 사회라는 문제를 안은 채로, 앞이 보이지 않는 바다 속을 항행하는 중이다.

(注1) 古稀 : 연령을 나타내는 말. 70세의 의미
(注2) 稀な : 드문, 거의 없는
(注3) さほど : 그리, 그다지
(注4) 一概には言えない : 반드시 같다고는 말할 수 없지만

9 ①이와 같은 현상이란 무엇을 의미하는가?

1 고령화 현상

2 저출산 현상

3 의료 기술의 진보

4 평균 수명이 늘어난 것

10 ②필요없게 되었다고 되어 있는데, 왜 이렇게 말하고 있는가?

1 옛날 말은 현대에는 맞지 않기 때문에

2 옛날 말은 낡았기 때문에

3 65세 이상의 사람이 늘어났기 때문에

4 평균 수명이 70세를 훨씬 넘었기 때문에

11 이 문장을 통해서 필자가 가장 말하고 싶은 것은 무엇인가?

1 아이들이 태어나지 않게 된 데에다가 고령자가 늘어가는 것은 큰 불안요소이다.

2 나라의 노동력 저하를 막을 대책을 서두르지 않으면 안 된다.

3 평균 수명이 크게 늘어난 것은 의학의 진보 덕분이다.

4 경제산업의 활성화를 위한 대책이 급하다.

抱える 안다 | 高齢化 고령화 | ますます 점점, 더더욱 | 進む 진행되다 | 高齢者 고령자 | 占める 차지하다 | 飛躍的な 비약적인 | 医療技術 의료 기술 | 進歩 진보 | おかげ 덕분, 덕택 | 平均寿命 평균 수명 | 現象 현상 | 深刻 심각 | ずいぶん 꽤, 훨씬 | 古稀 고희, 70세 | 稀な 드문 | 末長く 오래오래 | 幸せに 행복하게 | 定年退職 정년퇴직 | 年齢 연령 | その分 그만큼 | 体力 체력 | さほど 그리, 그다지 | 証拠 증거 | 急速な 급속한 | 自営業 자영업 | 営む 영위하다, 운영하다 | ケース 케이스, 경우 | 一概には言えない 일률적으로 말할 수 없다 | 労働力 노동력 | 低下する 저하하다 | 人口 인구 | 真の 진정한 | 産む 낳다 | 少子化 저출산, 출산율이 저하하여 어린이 수가 계속 감소하는 것 | 生命 생명 | 誕生する 탄생하다 | 不安材料 불안재료 | 産まれる 태어나다 | 活力 활력 | ～がち 자주 ~함 | 影響 영향 | 先 앞 | 航行中 항행 중 | 表す 나타내다 | 現代 현대 | はるかに 훨씬 | 防ぐ 막다 | 対策 대책 | 急ぐ 서두르다

환경문제가 심각해진 가운데 일본의 자동차 시장은 지금까지 이용해 온 가솔린, 디젤차에서 하이브리드, 전기자동차로의 수요의 변화를 보이고 있다. 다만 이 경향이 강한 것은 일본뿐이고, 독일 등 유럽에서는 여전히(注1) 디젤차에 대한 인기가 높다.

일본에서 디젤차가 미움을 받는 이유로서 그을음(注2)을 많이 낸다거나 엔진 소리가 시끄럽다는 점이 있다. 도쿄도가 헤이세이 11년(1999년)부터 추진한 '디젤차 NO작전' 캠페인이나 헤이세이 9년(1997년)부터 시행된 세계 최고 기준의 배출가스 규제 제도도 더해져 ①디젤차에 대한 역풍(注3)이 거세다.

그런데 ②독일 등 유럽에서는 50%가 디젤차라고 하니까 놀랍다. 원래부터 가지고 있는(注4) 연비의 우수함에다 기술 혁신에 의해 그을음이 감소하고 소음도 적어지게 되었고, 세계 최고 기준의 배출 가스 규제를 충족시키는(注5) 차종도 나오고 있기 때문이다. 디젤차는 원래 가속 성능, 주행 안전성이 뛰어나며 능숙하게 조작이 가능하기 때문에 운전이 즐겁게 느껴진다고 한다. 더구나 가솔린차에 비하면 20~30%나 연비가 좋은 것도 선호하게 되는 이유로 되어 있다.

환경오염에 민감하고 엄격한 유럽에서의 움직임에 대하여 일본에서는 하이브리드차나 전기 자동차에 대한 관심이 더욱 강해지고 있다. 그러나 앞으로는 고성능의 클린 디젤 엔진 차도 특징을 고려한 다음에 차량 선정의 선택지에 넣어도 좋을지도 모른다.

(注1) 依然として : 지금도 아직

(注2) すす : 연기, 불꽃에 포함되어 있는 탄소의 검은 분말

(注3) 逆風 : 반대하는 움직임

(注4) 持ち前 : 원래 가지고 있는

(注5) クリアする : 합격하다

12 ①디젤차에 대한 역풍이 거세다라고 되어 있는데, 그것은 어째서인가? 가장 적당한 것을 고르시오.

  1 디젤차는 소음을 내거나 공기를 오염시키거나 하기 때문에

  2 '디젤차 NO작전' 캠페인이 시행되고 있었기 때문에

  3 세계 최고 기준의 배출가스 규제 제도가 정해졌기 때문에

  4 하이브리드차나 전기자동차 쪽이 인기가 있기 때문에

13 ②독일 등 유럽에서는 50%가 디젤차라고 되어 있는데, 그 이유에 해당하지 않는 것은 어느 것인가?

  1 가솔린차에 비해 20~30%나 연비가 좋기 때문에

  2 가속 성능이나 주행 성능이 뛰어나기 때문에

  3 기술 혁신에 의해 그을음의 감소나 엔진음도 시끄럽지 않게 되었기 때문에

  4 하이브리드차나 전기자동차로의 관심이 강해졌기 때문에

14 이 문장의 내용에 맞지 않는 것은 어느 것인가?

  1 환경문제가 심각해지고 있는 중에 일본에서는 하이브리드차나 전기자동차가 늘어나고 있다.

  2 도쿄도는 법률이나 캠페인을 통해 디젤차가 감소하도록 노력하고 있다.

  3 유럽에서도 환경문제에 대해서는 엄격하지만, 기술혁신에 의해 디젤차의 문제점을 대체로 해결하고 있기 때문에 지금도 인기가 높다.

  4 일본에서는 하이브리드차나 전기자동차가 인기가 있고, 고성능의 클린 디젤엔진차에는 전혀 관심이 없다.

環境問題 환경문제 | 深刻になる 심각해지다 | 自動車市場 자동차시장 | ガソリン 가솔린 | ディーゼル 디젤 | ハイブリッド 하이브리드 | 電気自動車 전기자동차 | 需要 수요 | 変化 변화 | 傾向 경향 | 欧州 유럽 | 依然として 여전히 | 嫌う 싫어하다, 미워하다 | 理由 이유 | すす 그을음 | エンジン音 엔진 소리 | 作戦 작전 | キャンペーン 캠페인 | 施行する 시행하다 | 最高 최고 | 基準 기준 | 排出ガス規制制度 배출가스 규제 제도 | 重なる 겹치다 | 逆風 역풍 | 持ち前 타고난 것, 고유의 성질 | 燃費 연비 | 加える 더하다 | 技術革新 기술 혁신 | 減少する 감소하다 | 騒音 소음 | クリアする 클리어하다 | 車種 차종 | 加速 가속 | 性能 성능 | 優れる 뛰어나다 | 走行 주행 | 操作 조작 | 運転 운전 | 好く 좋아하다 | 環境汚染 환경오염 | 敏感 민감함 | 厳しい 엄하다 | 高性能 고성능 | クリーン 클린 | 特徴 특징 | 考慮する 고려하다 | 車選び 차량 선정 | 選択肢 선택지 | 煙 연기 | 炎 불꽃 | 炭素 탄소 | 粉末 분말 | 動き 움직임 | 元々 원래 | 合格する 합격하다 | 空気 공기 | 汚す 더럽히다, 오염시키다 | 法律 법률

問題12 다음 문장은 회사에서 구인할 때의 연령 및 성별 제한에 대한 A와 B의 의견이다. 두 문장을 읽고 다음 질문에 대한 답으로서 가장 적절한 것을 1, 2, 3, 4에서 하나 고르시오.

A

　회사가 구인 광고를 낼 경우 남녀 혹은 연령 제한을 두는 것은 그 회사마다 사정이 있기 때문이지 구태여 누군가를 제한하기 위해서는 아니다. 예컨대 전봇대에 올라가는 위험한 일인데도 연배가 있는 사람(注1)이나 여성을 뽑을 수는 없지 않을까? 손님 응대가 주된 일인데 나이 든 남성을 뽑으라고 말할 수 있을 것인가. 회사나 조직, 단체는 그 추구하는 목표나 방향이 있고 맡기는 일에 어울리는 인재를 뽑을 권리가 있다. 그것을 일률적으로 남녀 차별이라는 둥 연령 차별이라는 둥 하고 말하면 곤란하다. 물론 남녀에 관계 없는 일도 있으며, 좀 나이를 먹었다고 해서 못하는 일이 아닌 경우도 있다. 그러나 적재적소라는 말이 가리키는 바와 같이 일에는 맞는 일과 맞지 않는 일(注2)이 있으므로 외부에서 회사가 가진 인재선택권을 논하는 것은 참기 어렵다(注3).

(注1) 年配者 : 나이가 좀 든 사람이나 그에 가까운 사람
(注2) 向き不向き : 적합한 경우와 적합하지 않은 경우
(注3) 敵わない : 견디기 힘들다. 참기 어렵다

B

　어떤 일에 대하여 맞고 안 맞고 하는 것이 있는 것은 인정한다. 그리고 사람을 뽑을 때의 회사의 취향도 이해할 수 있다. 그러나 여기서 내가 말하고 싶은 것은 뽑을 사람, 뽑을 연령층을 미리 정해 두는 일에 관한 불합리함이다. 한 살 차이로 체력이 눈에 띄게 떨어질 일도 아니라면 여성이라고 해서 하기 어려울 것이라고 결론 내리는 것은 불합리하다는 말이다. 사람의 능력을 숫자로 판단하거나 남녀 차이로 판단하는 것은 너무나도 불합리하다. 예컨대 통역 일 같은 것은 연령, 체력보다도 경험이 말해 준다(注1). 그런데도 몇 살인지 남자인지 여자인지로 결정하는 근거가 어디에 있는 것인지 의문스럽기 짝이 없다. 사람의 능력을 성별로 연령으로 지레짐작하는(注2) 어리석은 짓만큼은 안 했으면 한다.

(注1) ものを言う : 효과나 효력을 발휘하다
(注2) 早とちりする : 충분히 확인하지 않고 결론을 서두르는 것

---

15 구인에 있어서 연령 제한·남녀 제한에 대해 A와 B는 어떤 입장인가?

1 A도 B도 회사의 사정에 맞춰 채용하는 것은 회사의 권리라고 말하고 있다.

2 A도 B도 회사의 목표나 방향에 맞춰 채용하는 것은 어쩔 수 없다고 말하고 있다.

3 A는 남녀 제한·연령 제한을 두는 것은 불합리하다고 말하고 있는 반면, B는 남녀 제한, 연령 제한에 대해서는 각 회사에 맡기는 수밖에 없다고 주장하고 있다.

4 A는 각 회사의 선택에는 그 나름의 이유가 있기 때문에 간섭 받지 않아야 한다고 말하고 있지만, B는 구인에 있어서 폭넓은 시야의 중요성을 강조하고 있다.

16 A와 B의 어느 쪽 칼럼에도 나와 있는 것은 무엇인가?

1 인재선택권도 중요하지만 행복추구권도 잊어서는 안 된다.

2 남녀 제한·연령 제한은 폭 넓은 시야를 방해한다.

3 사람을 채용하는 것은 회사의 고유의 권리이다.

4 일에는 적합한 경우와 적합하지 않은 경우가 있다.

求人広告 구인 광고 | 男女 남녀 | あるいは 혹은 | 年齢制限 연령 제한 | 設ける 두다 | 事情 사정 | 制限する 제한하다 | 電信柱 전신주, 전봇대 | 上る 오르다 | 年配者 연배가 있는 사람 | 採る (사람을) 뽑다 | 応対 응대, 대응 | 主な 주된 | 組織 조직 | 団体 단체 | 追求する 추구하다 | 目標 목표 | 方向 방향 | 任せる 맡기다 | ふさわしい 어울리다 | 人材 인재 | 権利 권리 | 一概に 일률적으로, 무턱대고 | 差別 차별 | 困る 곤란하다 | 関係 관계 | 適所適材 적재적소 | 指す 가리키다 | 向き 적합함 | 不向き 부적합함 | 外部 외부 | 選択権 선택권 | 論じる 논하다 | 適わない 견딜 수 없다, 참을 수 없다 | 年寄り 노인 | 適する 적합하다 | 耐える 견디다 | 我慢する 참다 | 好み 취향 | 年齢層 연령층 | 前もって 미리 | 不合理さ 불합리함 | 結論づける 결론 짓다 | 数字 숫자 | 通訳 통역 | 決め付ける 단정하다 | 根拠 근거 | 疑問 의문 | 性別 성별 | 早とちりする 지레짐작하다 | 愚かな 어리석은 | まね 흉내, 짓 | 効果 효과 | 効力 효력 | 発揮する 발휘하다 | 干渉する 간섭하다 | 視野 시야 | 強調する 강조하다 | 幸福 행복 | 妨げる 방해하다 | 固有 고유

주장 이해

問題13 다음 문장을 읽고 다음 질문에 대한 답으로서 가장 적절한 것을 1, 2, 3, 4,에서 하나 고르시오.

①인간에게 일하는 것은 자연스러운 일입니다. 만약 하루 종일 아무것도 하지 말고 자고 있으라고 누가 강제한다면(注1) 인간은 그 고통을 견디지 못하겠지요(注2).

인간에게 휴식 시간을 가지는 것은 당연한 일입니다. 만약 쉬는 시간이 없어서 자지 않고 계속 일한다면, 역시 인간은 그 고통을 견디지 못하겠지요.

인간에게 배우는 일은 필요한 일입니다. 만약 배우는 것 없이 일을 하려는 자는 지도를 가지지 않고 모르는 토지를 걷는 것처럼 무슨 일이든 실패만 되풀이하겠지요.

인간에게 사랑하는 일은 살아가는 일입니다. 사랑을 잃었을 때 인간은 자살조차 할 수 있을 만큼, 그것은 우리들의 생명과 함께 있는 것입니다.

그래서 인간은 8시간의 노동을 권리로, 또 의무로서 스스로에게 부과하고(注3) 8시간을 수면과 휴양의 시간으로 삼아 8시간을 학습과 사랑으로 살아가는 자유로운 생활을 하기를 생각하였던 것입니다.

일찍이 태양빛과 물과 공기와 시간은 만인에게 평등하게 부여되어 있었는데, ②자본주의의 문명은 공기를 오염시키고, 물은 더러워지고, 태양빛이 닿지 않는 곳에서 살아가는 인간을 만들어 냈는데, 시간만큼은 옛날의 불평등한 과중노동에서 노동시간의 단축과 교통기관의 발달로 점차 평등해지고 있습니다.

그리고 자유로운 시간인 여가와 학습 시간을 주체하지 못하고(注4) 있는 인간마저 일부에 나타나고 있습니다.

돈을 가진 자는 그 사용법을 그르치면(注5) 인생의 실패자가 되는 것처럼 자유로운 여가 시간을 가진 자

가 그 사용법을 그르치면 역시 인생의 낙오자가 될 우려가 있습니다.

　'잘 배우고 잘 논다'는 말처럼 자신의 것인 시간을 어떻게 잘 배우고 자유로운 여가를 건전하게 즐기는가에 따라서 몸도 마음도 건강한, 일 잘하는 사람이 되며 자신의 인생을 개척해(注6) 가는 힘을 가진 자신을 형성해 갈 수 있는 것은 아닐까요.

(테라무라 후미오『삶에 대한 12장』분리쇼인에서)

(注1) 強制する : 무리하게 그렇게 시키다

(注2) たえる : 참다

(注3) 課す : 책임을 지우다

(注4) もてあます : 다루기에 괴로워하다

(注5) あやまる : 잘못하다

(注6) 切りひらく : 개척하다

---

17 ①인간에게 일하는 것은 자연스러운 일입니다라고 되어 있는데 어째서인가?

1 계속 자고 있는 것도 고통이기 때문에

2 쉬지 않고 일만 하는 것도 견딜 수 없으니까

3 아무것도 하지 않고 있으면 일을 강요당하기 때문에

4 인간에게 있어 배우는 것은 필요하기 때문에

18 ②자본주의의 문명이 가져온 일에 들어가지 않는 것은 어느 것인가?

1 공기를 더럽혔다.

2 물이 더러워지고 말았다.

3 교통기관의 간소화

4 불평등한 과중노동

19 필자의 주장을 가장 올바르게 정리한 것은 어느 것인가?

1 자본주의의 발전과 함께 일하는 시간이 짧아졌다.

2 인간은 노동을 통해서야 말로 자신을 형성해 갈 수 있다.

3 배우지 않는 인간은 정신적으로 문제가 있다.

4 노동, 학습 그리고 여유 등 시간을 유효하게 활용해야 한다.

働く 일하다 | 強制する 강제하다 | 苦痛 고통 | 休息 휴식 | 眠る 자다 | 地図 지도 | 土地 토지, 땅 | 失敗 실패 | くりかえす 되풀이하다 | 愛する 사랑하다 | 自殺 자살 | ～さえ～かねない ～조차 ～할 수 있다 | 生命 생명 | 労働 노동 | 権利 권리 | 義務 의무 | 課する 부가하다 | 睡眠 수면 | 休養 휴양 | 万人 만인 | 平等に 평등하게 | 資本主義 자본주의 | 汚染する 오염하다 | 汚れる 더러워지다 | とどく 닿다 | 不平等な 불평등한 | 過重 과중 | 短縮 단축 | しだいに 점차로 | 余暇 여가 | もてあます 주체 못하다 | あやまる 잘못하다, 그르치다 | 落後者 낙오자 | おそれ 우려 | いかに 어떻게 | 健全に 건전하게 | 切りひらく 개척하다 | 形成する 형성하다 | 責任を負う 책임을 지다 | 取り扱い 취급, 다룸 | 苦しむ 괴로워하다 | 開拓する 개척하다 | 簡素化 간소화 | 有効に 유효하게 | 活用する 활용하다

問題14 오른쪽 페이지의 그래프는 남성과 여성의 인지증(注1) 발생에 관한 어느 지역의 의학계의 보고를 정리한 것이다. 아래 질문에 대한 대답으로서 가장 적절한 것을 1·2·3·4에서 하나 고르시오.

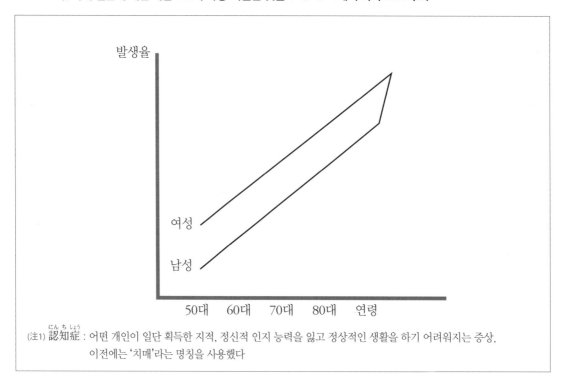

(注1) 認知症(にんちしょう) : 어떤 개인이 일단 획득한 지적, 정신적 인지 능력을 잃고 정상적인 생활을 하기 어려워지는 증상. 이전에는 '치매'라는 명칭을 사용했다

20 이 그래프를 보고 말할 수 있는 것은 무엇인가?

1 이 그래프에 의하면 최근 여성의 인지증 발생이 많다는 것을 알 수 있다.

2 이 그래프에 의하면 최근 인지증 발생이 저연령화하는 것을 알 수 있다.

3 그래프를 보면 연령이 높아지면서 인지증의 발생이 적어지는 것을 알 수 있다.

4 그래프를 보면 연령의 상승과 인지증의 발생은 비례하는 것을 알 수 있다.

21 이 그래프의 내용으로 올바른 것은 무엇인가?

1 어느 연령에서도 남성의 발생이 많다.

2 연령별로 보면 어느 연령에서도 발생률의 남녀 차이는 없다.

3 인지증 발생은 어느 연령에 달하면 여성의 발생률이 낮아진다.

4 남녀의 인지증 발생이 어느 연령에 달하면 같아진다.

グラフ 그래프 | 認知症(にんちしょう) 인지증, 치매 | 発生(はっせい) 발생 | 地域(ちいき) 지역 | 医学界(いがくかい) 의학계 | 報告(ほうこく) 보고 | まとめる 정리하다 | 低年齢化(ていねんれいか) 저연령화 | 上昇(じょうしょう) 상승 | 比例(ひれい)する 비례하다 | 男女差(だんじょさ) 남녀차 | 達(たっ)する 이르다 | 一旦(いったん) 일단 | 獲得(かくとく)する 획득하다 | 知的(ちてき) 지적 | 認知能力(にんちのうりょく) 인지 능력 | 正常(せいじょう)な 정상적인 | 症状(しょうじょう) 증상 | 痴呆(ちほう) 치매 | 名称(めいしょう) 명칭

내용 이해 - 단문

問題10 다음 문장을 읽고 다음 질문에 대한 답으로서 가장 적절한 것을 1, 2, 3, 4에서 하나 고르시오.

> '시간은 돈이다(注1)'라는 격언이 있는데, 요즘 이 말이 절절히 몸에 와닿는다. 가게를 열었다가 실패한 친구가 있다. 처음에는 잘나갔는데(注2) 중간부터 잘 되지 않아 결국 폐점. 그 친구의 지금 주된 일은 택시 운전사. 쉬는 날도 편의점에서 일한다. 부채를 갚고 다시 한 번 일어서 보이겠다고 의욕을 보이고 있다(注3). "텔레비전 볼 겨를이 있다면 일을 하겠다.", "노래 따윈 자장가야." 하며 씁쓸히 웃는다. 한정된 인생이라는 '시간'을 생각하면 놀고 있을 수 없다.
>
> (注1) なり : 이다
> (注2) いい線いく : 번창하다. 잘 되다
> (注3) 意気込む : 분발하다

1 이 문장의 내용으로 올바른 것은 어느 것인가?

1 친구는 두 번 다시 가게는 경영하지 않겠다는 생각이다.

2 친구는 주된 일 이외에 다양한 아르바이트를 하고 있다.

3 친구의 실패를 통해 일의 중요성을 절실히 느꼈다.

4 친구의 실패를 통해 헛되지 않게 사는 것의 중요함을 절실히 느꼈다.

なり 이다 | 格言 격언 | つくづく 절실히, 정말 | 身にしみる 사무치다 | 店を開く 가게를 열다 | 失敗する 실패하다 | 最初 최초, 처음 | いい線(を)いく 잘 되다, 잘나가다 | 途中 도중, 중간 | うまくいく 잘 되다 | とうとう 결국, 마침내 | 店じまい 가게를 닫음 | メイン 메인, 주요한 것 | 運転手 운전사 | コンビニ 편의점 | 負債 부채 | 返す (빚 등을) 갚다 | 立ち直る 다시 일어서다 | 意気込む 힘을 내다, 분발하다 | 暇 짬, 겨를 | 子守歌 자장가 | 苦笑い 쓴웃음 | 限る 한정하다 | 繁盛する 번성하다 | 頑張る 분발하다, 열심히 하다 | 二度と 두 번 다시 | 経営する 경영하다 | 通す 통하다 | 重要性 중요성 | 切に 절실히 | 無駄 헛됨, 쓸모없음

교육이란 문자 그대로 '가르치고 기른다'는 의미이다. 가령 신입사원을 뽑았다고 하자. 회사의 역사나 일하는 방식을 충분히 가르치고 나서 일을 맡게 하는 것이 베스트일텐데, 흔히 중소기업 같은 데서는 그것을 소홀히 하는 경향이 있는 듯하다. 기업의 생산성을 높이기 위한 요령을 알게 하는 것이 일인 <u>나</u>로서는 그런 행위만큼은 안 했으면 하는 것이다. '모르는 게 약(注1)'이 아니다. '모르는 것은 손해'인 것이다. 부디 잊지 말았으면 한다.

(注1) 知らぬが仏 : 진실을 알기보다 모르는 편이 좋다

2 이 문장에 나와 있는 <u>나</u>의 직업으로 가장 가능성이 높은 것은 어느 것인가?

1 칼럼니스트

2 어시스턴트

3 컨설턴트

4 카피라이터

教育 교육 | 文字通り 문자 그대로 | 育てる 기르다 | 仮に 가령 | 新入社員 신입사원 | 採る (사람을) 뽑다 | 歩み 걸어온 길, 역사, 변천 | やり方 하는 방법 | 十分 충분히 | 当たる 맡다 | ベスト 베스트 | とかく 흔히 | 中小企業 중소기업 | ～あたり ～같은 곳 | おろそかにする 소홀히 하다 | 傾向 경향 | 生産性 생산성 | 高める 높이다 | コツ 요령, 급소 | 真似 (달갑지 않은) 짓, 행동 | 知らぬが仏 모르는 게 약 | 損 손해 | くれぐれも 아무쪼록 | 職業 직업 | コラムニスト 칼럼니스트 | アシスタント 어시스턴트 | コンサルタント 컨설턴트 | コピーライター 카피라이터

　　초등학교 6학년 2학기 기말고사에서 일등을 한 이래, 나는 고등학교를 나올 때까지 줄곧 우등생으로서 표창을 받거나(注1) 하였다. 당시는 체육, 음악, 미술 등의 수업이 얼마나 싫었는지 지금도 그 기억은 생생하다. 영어, 수학, 국어 따위의 공부가 전부라고 생각했던 것이다.

　　그러나 영양이 치우쳐서는 안 되듯이 전인교육(注2)이라는 면에서 생각할 때 내가 싫어했던 수업이 얼마나 중요한 과목인지 지금은 잘 알고 있다. 원만한 인격을 기르는데 <u>그것들</u>은 빼놓을 수 없는 것이다.

(注1) 表彰する : 공적 등을 남 앞에서 칭찬하고 칭송하다
(注2) 全人教育 : 지식이나 기능만이 아니라 감성이나 덕성 등도 포함한 전반적인 교육

3 문장 안의 <u>그것들</u>이란 무엇을 가리키는가?

1 균형 잡힌 교재

2 균형 잡힌 영양

3 중요한 과목

4 균형 잡힌 교과목

期末テスト 기말 테스트 | トップを取る 일등을 하다 | ずっと 쭉, 줄곧 | 優等生 우등생 | 表彰する 표창하다 | 体育 체육 | 美術 미술 | 授業 수업 | 数学 수학 | 国語 국어 | 全て 전부 | 栄養 영양 | 偏る 치우치다 | 全人教育 전인교육 | 面 면 | 科目 과목 | 円満な 원만한 | 欠かせない 빼놓을 수 없다 | 功績 공적 | ほめたたえる 칭송하다 | 知識 지식 | 技能 기능 | 感性 감성 | 徳性 덕성 | 含む 포함하다 | 全般的 전반적 | バランス 밸런스, 균형 | 教科目 교과목

나는 소리를 내며 껌을 씹는(注1) 사람을 극단적으로(注2) 싫어한다. 씹고 있는 쪽은 즐거울지 모르지만, 그 소리를 듣게 되는 나는 혈압이 올라가는 심정이 되기 때문이다. 다른 사람 앞에서 짝짝 소리를 내면서 껌을 씹는 몰상식한 인간과는 나는 원칙적으로 사귀지 않는다. 특히 붐비는 전철이나 버스 안에서, 또는 공공장소에서 그런 짓을 하는 사람은 나의 경멸(注3)의 대상이 된다.

(注1) 噛む : 입 속에서 턱을 계속 상하로 움직이다

(注2) 極端に : 매우

(注3) 軽蔑 : 싫어서 무시하는 것

4 이 문장에서 결국 필자가 가장 말하고자 하는 것은 무엇인가?

1 껌을 즐기며 씹으면 문제는 없다.

2 타인 앞에서는 껌을 씹지 않는 것이 상식이다.

3 껌은 소리만 내지 않으면 어디서도 씹어도 상관없다.

4 공공 장소에서 타인에게 폐를 끼쳐서는 안 된다.

音を立てる 소리를 내다 | ガム 껌 | 噛む 씹다 | 極端的 극단적 | 嫌う 싫어하다 | 血圧 혈압 | 上がる 오르다 | ～思いになる ～의 심정이 되다 | 人前 남의 앞 | ぱちぱち 짝짝 | 常識外れ 몰상식한 행위(자) | 原則 원칙 | 付き合う 사귀다 | 込む 붐비다 | 公共の場所 공공장소 | 軽蔑 경멸 | 対象 대상 | あごを上下させる 턱을 상하로 움직이다 | 無視する 무시하다 | かまわない 상관없다 | 迷惑をかける 폐를 끼치다

요전에 오래간만에 영화관에 갔다. 혼자 보는 영화는 재미없지만, 화제작이었기에 혼자서라도 보기로 하였던 것이다. 영화관은 만원이었지만, 어두운 가운데 어렵사리 지정석에 당도할(注1) 수 있었다.

영화가 시작되고, 주인공이 누군가에게(注2) 쫓기고 있는 장면이 흘렀다. 나는 자막을 열심히 쫓아갔다. 2, 3분 정도 지났을까. 일의 피로가 와르르 쏟아져 졸음이 몰려왔다. 그 순간이었다. 주인공이 그 정체불명의 사람과 치고 박는(注3) 싸움을 시작하였다. (후략)

(注1) たどり着く : 어렵사리 도착하다

(注2) 何者 : 정체가 확실치 않은 인물

(注3) 殴り合い : 서로 때림

5 여기서 말하는 <u>그 순간</u>은 다음 중 어느 것인가?

1 필자가 존 순간

2 주인공이 존 순간

3 주인공이 그 누군가와 서로 때리며 싸움을 시작한 순간

4 피로가 와르르 쏟아지기 시작한 순간

先日^{せんじつ} 요전 | 久しぶり 오래간만 | 観^みる 보다 | 話題作^{わ だいさく} 화제작 | 満員^{まんいん} 만원 | 指定席^{し ていせき} 지정석 | やっと 겨우 | たどり着^つく 도달하다 | 主人公^{しゅじんこう} 주인공 | 何者^{なにもの} 누구 | 場面^{ば めん} 장면 | 字幕^{じ まく} 자막 | 経^たつ (시간이) 지나다 | 疲れ^{つか} 피로 | どっと 와르르 | 眠い^{ねむ} 졸리다 | 瞬間^{しゅんかん} 순간 | 殴り合い^{なぐ あ} 서로 때림 | けんか 싸움 | 到着^{とうちゃく}する 도착하다 | 正体^{しょうたい} 정체 | 人物^{じんぶつ} 인물

내용 이해 - 중문

問題11 다음 문장을 읽고 다음 질문에 대한 답으로서 가장 적절한 것을 1, 2, 3, 4에서 하나 고르시오.

눈에 보이는 것과 보이지 않는 것의 가치에 대해서 생각해 보고 싶다. 인격이라는 말에 대해서 체격이라는 말이 있다. 인격은 눈에 보이지 않는 그 사람이 가진 성격이나 품성과 같은 것이며, 체격이란 문자 그대로 그 사람의 몸, 육체(근육이나 골격 등)를 가리키는 말이다. 인격과 체격을 비교할 때(그것은 인간의 마음과 몸에 대면 둘 다 필요한 것이기는 하지만) 인격이 훌륭하다는 말을 듣는 것이 더 기쁜 법이다.

인간의 건강, 생명을 생각할 때 그 생명을 유지시키는 요소에는 먹거리(영양소)와 공기(산소)가 있다. ①이것들은 둘 다 필요한 것이지만, 공기(산소)가 없으면 생명은 5분도 유지하지 못한다^(注1). 역시 눈에 보이지 않는 공기가 중요도가 더 높다.

세상에는 눈에 보이는 것밖에 믿지 않는다고 말하는 사람이 있는데, 그런 사람이라도 스스로는 어떻게 할 수 없는 상황에 놓이게 되면 무심결에 신불^(注2)에 기도한다.

프로 스포츠와 같은 세계는 결과가 절대적이며 그 눈에 보이는 세계에 의해 모든 것이 평가된다. 그러나 그런 가운데서도 역사에 이름을 남기는 그런 스포츠 선수는 정신면의 중요성을 말하는 사람이 훨씬 많은 것은 ②의외이다.

③사람은 이따금^(注3) 눈에 보이는 것만을 생각하고 그 본질(눈에 보이지 않는 세계)을 놓치기 쉽다.

(注1) 持^もたない : 그 상태를 유지할 수가 없다

(注2) 神仏^{しんぶつ} : 신이나 부처

(注3) 時^{とき}として : 가끔

---

6 ①<u>이것들</u>이란 무엇을 가리키고 있는가?

1 건강과 생명

2 먹거리와 공기

3 생명과 영양소

4 건강과 산소

7 ②의외이다라고 되어 있는데, 그 이유는 다음 중 어느 것인가?

1 프로 스포츠의 세계에서는 눈에 보이는 결과가 무엇보다 중요하고 평가의 대상이 되기 때문에

2 프로 스포츠의 세계에서는 눈에 보이지 않는 정신적인 면이 가장 중요하기 때문에

3 프로 스포츠의 세계에서도 신불에게 기도하는 것이 중요하기 때문에

4 프로 스포츠의 세계에서는 역사에 이름을 남기는 것을 원하기 때문에

8 ③사람은 이따금 눈에 보이는 것만을 생각하고 그 본질(눈에 보이지 않는 세계)을 놓치기 쉽다라는 것은 어떤 것인가? 구체적인 예를 고르시오.

1 돈도 없어서는 안되지만 타인에 대한 배려 등은 더욱 중요시해야 한다고 생각하는 것

2 스포츠 시합에서는 좋은 성적을 내고 있는데도, 몰래 좋지 않은 짓을 하거나 동료에 대한 배려가 결여되어 있는 것

3 프로 스포츠의 세계에서는 헝그리정신이나 반골정신이 가장 중요하다고 생각하는 것

4 체격(스타일)이나 실적보다 인격이나 정신적인 면으로 그 사람을 평가해야 한다고 생각하는 것

価値 가치 | 人格 인격 | 体格 체격 | 品性 품성 | 肉体 육체 | 筋肉 근육 | 骨格 골격 | 指す 가리키다 | 維持する 유지하다 | 要素 요소 | 食物 먹거리 | 栄養素 영양소 | 酸素 산소 | やはり 역시 | 重要度を増す 중요도를 늘리다 | 世の中 세상 | 思わず 무심결에 | 神仏 신불, 신과 부처 | 手を合わせる 합장하다, 기도하다 | プロ 프로 | 絶対的 절대적 | 全て 모두, 전부 | 評価する 평가하다 | 名を残す 이름을 남기다 | 説く 설명하다, 설교하다 | 時として 이따금, 가끔 | 本質 본질 | 見失う (보고 있던 것을) 놓치다 | 保つ 유지하다 | 仏 부처 | 思いやり 배려, 동정 | 成績 성적 | こっそり 몰래 | 同僚 동료 | 配慮 배려 | 欠ける 빠지다, 결여되다 | ハングリー精神 헝그리정신 | 反骨精神 반골정신 | 実績 실적

　저는 예술관계, 특히 음악을 직업으로 삼은 사람이나 그것을 위하여 대학 같은 데서 공부하고 있는 학생들을 보면 부럽습니다. 먼저 무엇보다도 자신이 좋아하는 일을 직업으로 선택할 수 있는 것이 멋집니다. 예술은 사람을 온화하게 해(注1) 주고 활력이나 기쁨 그리고 감동을 부여해 줍니다. 물론 스트레스 해소에도 뛰어난 효과를 발휘합니다.

　스포츠도 비슷한 점이 있습니다만 예술은 더 많은, 그것도 직접적인 기쁨을 부여해 줍니다. 하드록(注2) 같은 것은 제 취향에 좀 맞지 않은 점도 있지만 ①바이올린이나 첼로 등의 악기를 휴대하면서(注3) 걸어가는 사람에게 정말 마음이 끌립니다(注4).

　음악 등은 병의 치료에도 유용합니다. 제 아버지가 넘어져 머리를 부딪쳐 알츠하이머병(注5)의 증상으로 입원하였을 때 음악치료사인 여성이 노인을 위한 이른바 흘러간 노래(注6)를 불러 주었습니다. 노인 환자들도 기뻐하며 같이 불렀습니다.

　텔레비전의 노래 자랑(注7)에도 뇌경색(注8)으로 쓰러졌지만 재활훈련(注9)으로 노래방을 다니며 회복된 사람이 나왔습니다.

　저도 이전에 합창단에서 노래를 불렀지만 그 시절이 그립습니다. 기회가 생기면 다시 합창을 해보고 싶습니다. ②노래방이 바쁜 샐러리맨에게 인기가 있는 것도 잘 알 것 같은 기분이 듭니다.

(注1) 和む : 기분이 온화해지다

(注2) ハードロック : 활발하고 격렬한 록

(注3) 携える : 몸에 지니다

(注4) 心が惹かれる : 흥미나 매력을 느껴서 마음이 끌리다

(注5) アルツハイマー病 : 기억을 잃어버리는 뇌의 병

(注6) 懐メロ : 그리운 멜로디나 노래

(注7) のど自慢 : 노래의 능숙함을 경쟁하는 대회

(注8) 脳梗塞 : 뇌 혈관이 막혀서 일어나는 병

(注9) リハビリ : 신체에 장애가 있는 사람 등이 다시 사회활동에 복귀하기 위한 종합적인 치료를 위한 훈련

9 ①바이올린이나 첼로 등의 악기를 휴대하면서 걸어가는 사람에게 정말 마음이 끌립니다라고 되어 있는데, 그 이유는 무엇인가?

　1 바이올린이나 첼로 등의 악기 소리를 아주 좋아하므로

　2 사람을 온화하게 하고 기쁨을 주는 음악을 배우거나 직업으로 하고 있는 사람이 부러우므로

　3 바이올린이나 첼로 등의 연주는 알츠하이머병이나 여러 병의 회복에 도움이 되므로

　4 바이올린이나 첼로의 악기의 형태는 매우 예술적 가치가 높으므로

10 ②노래방이 바쁜 샐러리맨에게 인기가 있는 것도 잘 알 것 같은 기분이 듭니다의 의미로서 가장 가능성이 높은 것은 어느 것인가?

　1 노래방이 바쁜 샐러리맨의 합창 능력을 높이고 있다는 것

　2 노래방이 바쁜 샐러리맨의 영업 장소가 되었다는 것

　3 노래방이 바쁜 샐러리맨의 질병 치료에 도움이 되고 있다는 것

　4 노래방이 바쁜 샐러리맨의 스트레스 해소의 장이 되고 있다는 것

11 이 문장의 내용에 올바르지 않는 것은 어느 것인가?

　1 자기가 좋아하는 분야에서 일할 수 있는 것은 멋진 일이다.

　2 나는 노래를 좋아하며, 노래를 부르는 일을 직업으로 하고 있는 사람을 부럽게 생각한다.

　3 음악(특히 흘러간 노래) 등은 알츠하이머병이나 뇌의 질환의 기능 회복에 도움이 되고 있다.

　4 노래방은 샐러리맨들로 붐비고 있다.

芸術 예술 | うらやましい 부럽다 | 和む 부드러워지다 | ストレス解消 스트레스 해소 | 直接的 직접적 | ハードロック 하드록 | 好みに合う 취향에 맞다 | バイオリン 바이올린 | チェロ 첼로 | 楽器 악기 | 携える 휴대하다 | 心が惹かれる 마음이 끌리다 | 治療 치료 | 役に立つ 도움이 되다 | 転ぶ 구르다 | アルツハイマー病 알츠하이머병 | 症状 증상 | ～向け ～용, ～을 위한 | 懐メロ 흘러간 옛노래 | のど自慢 노래 자랑 | 脳梗塞 뇌경색 | 倒れる 쓰러지다 | リハビリ 재활훈련 | 回復する 회복하다 | 合唱団 합창단 | 懐かしい 그립다 | やわらぐ 온화해지다 | 活発 활발 | 興味 흥미 | 魅力 매력 | 引きつける 끌어당기다 | メロディー 멜로디 | 競争する 경쟁하다 | 血管 혈관 | つまる 막히다 | 障害 장애 | 復帰する 복귀하다 | 総合的 종합적 | 訓練 훈련 | 演奏 연주 | 高める 높이다 | 営業 영업 | 場 장소

과학 기술의 발전은 어디까지 계속될까? 우차(달구지)(注1)·마차를 사용했던 인간이 차를 발견한 것은 대체로 지금부터 150년 전의 일이다. 사람의 이동 수단으로서, 동시에 물건을 나르기 위하여 발명된 차. 시대의 흐름과 함께 ①그 얼굴을 바꾸어 오고 있다.

먼저, 규모는 점점 커져 오고 있다. 규모가 커졌다는 것은, 엔진의 파워가 강해진 것을 의미한다. 다른 견해로 보면, 차의 경량화도 발전한 것이 된다. 스피드도 빨라지고 있다. 승차감(注2)도 물론 훨씬 좋아지고 있다.

처음에는 2, 3명 탈 수 있었던 차가, 몇 십 명 탈 수 있는 대형 버스로 발전하고, 이용 목적에 맞추어 통근용·운반용·여행용·스포츠용·건설용 심지어 주거용 등, 온갖 차가 달리고 있다. 여기서 우리들이 잊어서는 안 되는 것은 사고의 규모이다. 우차나 마차라면 2∼3명의 사상으로 끝난 것이 2층 버스의 전도사고라면 몇 십 명의 목숨이 사라지는 경우 또한 있다. 편리해진 만큼 ②원치 않는 일에 의한 대가(注3)는 앞 시대와는 비할 바가 못 된다.

편리함을 쫓는 인간의 욕망에는 한계가 없다. 첨단기술을 구사한, 소위 '무인 자동 운전차'의 시대로 이미 들어가 있다. 자동 운전차에도 안전면에 있어서 단계가 있는 모양이다. 머지않아 안전하고 또(注4) 편리한 최고 단계의 무인자동차가 출현하는 것은 틀림없을 것이다

마이카를 사용하고 있다 해도, 차에 관한 것은 문외한(注5)인 나. 운전하는 사람이 없는데도 어떻게 해서 저절로(注6) 주행할 수 있는지 의문도 많다. 각종 센서의 발달이 무인운전을 가능하게 해 준 것 같은데, 만약에 센서에 문제가 생기거나 했을 경우는 어떻게 되는 것일까?

분명히 과학 기술은 진보하고 있다. 기술의 발전을 바라지 않는 사람도 없을 것이다. 다만, 향후 어떠한 혁신적인 것을 만든다 해도, 안전하며 또한 지구에 부담을 주지 않는 것을 만드는 것이 중요할 것이다. 어쨌든 안전하지 않은 것이 나타나서 세상을 혼란에 빠뜨리는 일만큼은 절대로 하지 않길 바란다.

(注1) 牛車 : 옛날에 소가 끌게 한 귀인용 승용차. 물건을 나르는 우차(달구지)도 있었다.
(注2) 乗り心地 : 탈것에 탔을 때의 느낌. 승차감
(注3) 代償 : 대가, 희생
(注4) 且つ : 또(한) 동시에
(注5) 門外漢 : 그 분야에 관한 것을 잘 모르는 사람
(注6) ひとりでに : 자연히, 저절로

---

12 ①그 얼굴을 바꾸어 오고 있다라고 되어 있는데, 관련성이 약한 것은 어느 것인가?

1 규모

2 성능

3 가격

4 쾌적함

13 ②원치 않는 일에 의한 대가는 앞 시대의 것과는 비할 바가 못 된다고 되어 있는데, 어떤 뜻인가?

1 차 고장에 의한 수리비는 비교가 안 된다.

2 많은 인원수를 태운 사고의 규모는 비교가 안 된다.

3 적은 인원수를 태운 엔진 트러블의 규모는 비교가 안 된다.

4 첨단기술을 구사한 현대의 차는 성능이 비교가 안 된다.

14 필자가 가장 강조하고 있는 내용은 무엇인가?

1 되도록이면 편리하고 싼 차를 개발해 줬으면 좋겠다.

2 가급적이면 싸고 연비가 좋은 차를 개발해 줬으면 좋겠다.

3 가능한 한, 지구에 부담을 주지 않고 무해하고 위험하지 않은 차를 만들어 주기 바란다.

4 가능하다면, 지구에 부담을 주지 않고 하이테크 기술을 구사한 차를 만들어 주기 바란다..

牛車 우차(달구지) | 馬車 마차 | 発明する 발명하다 | 移動手段 이동 수단 | 流れ 흐름 | 規模 규모 | エンジン 엔진 | パワー 파워 | 見方 견해 | 軽量化 경량화 | 乗り心地 승차감 | 大型 대형 | 通勤用 통근용 | 運搬用 운반용 | 建設用 건설용 | 住居用 주거용 | 死傷 사상 | 済む 끝나다, 넘어가다 | 二階建てバス 2층 버스 | 転倒 전도 | 命 생명 | 代償 변상, 대가, 희생 | 比べ物にならない 비교가 안 되다 | 利便性 편리성 | 追い求める 추구하다 | 欲 욕심, 욕구, 욕망 | 限り 한계, 끝 | 先端 첨단 | 駆使する 구사하다 | 無人自動運転車 무인 자동 운전차 | 段階 단계 | 遠からず 머지않아 | 且つ 또(한) | 間違いない 틀림없다 | マイカー 마이카, 자가용 차 | 門外漢 문외한 | ひとりでに 저절로 | 走行 주행 | 疑問 의문 | センサー 센스 | 革新的 혁신적 | 地球 지구 | 混乱 혼란 | 陥れる 몰아넣다, 빠뜨리다 | 貴人 귀인 | 乗用車 승용차 | 代価 대가 | 犠牲 희생 | おのずから 저절로 | 快適さ 쾌적함 | 故障 고장 | 修理費 수리비 | 比較 비교 | 大人数 많은 인원수 | 少人数 적은 인원수 | トラブル 트러블 | 無害 무해 | ハイテック 하이테크

종합 이해

問題12 다음 문장은 초등학생에 대한 영어 조기 교육에 관한 칼럼이다. 두 문장을 읽고 다음 질문에 대한 답으로서 가장 적절한 것을 1, 2, 3, 4에서 하나 고르시오.

A

　영어의 수요가 점점 커지는 오늘날(注1), 우리나라(注2)의 외국어 정책은 상당히 문제가 있다. 비교적 익히기 어렵다고 하는 한자나 전래의 일본 문화를 이어받게 하기 위하여 국어 교육에 힘을 쏟는 것은 그 나름대로의 이유가 있고 이해도 할 수 있다.

　그러나 아무리 그런 사정이 있다고 해서 중학교부터 영어를 가르치는 것은 너무 늦다. 아시아의 여러 나라 중에서 TOEFL의 평균 점수가 일본만큼 낮은 나라는 적다.

　일본인으로서 일본어나 일본 문화를 배우는 것은 당연하다. 그것이 나쁘다고 말하는 것은 아니다. 그러나 천연자원이 부족한 일본이 사는 길은 외국과의 무역밖에 없고 무역을 활성화시키기 위해서는 세계어인 영어를 일찍부터 익힐 필요가 있다. 발음의 유연성이나 정보의 확대를 생각할 경우, 어린이의 조기 영어 교육은 서둘러야만 한다.

(注1) 昨今 : 현재

(注2) わが国 : 우리나라, 일본

B

세계 각국, 각 민족은 자신들이 살고 있는 자연환경과 함께 고유한 문화를 만들어내어, 그것을 자신들의 말이나 문자로 후세에 계승해 왔다. 해양 문화 국가는 물고기나 해초 등에 관한 풍부한 표현을 가지고 있고, 벼농사(注1)가 왕성한 곳에서는 그에 걸맞은 다채로운 표현을 오늘날에 전하고 있다. 유럽의 섬나라 영국이 그 국력을 증진하여 세계 각 지역에 진출, 영어가 바야흐로 대표적인 세계 언어로써 자리 잡은 것은 부정할 수 없다.

그러나 인류 문화는 다양성 위에서 발달해 왔으며 다양성이 없는 발전은 기대하기 어렵다. 이른바 국제어로써의 영어의 위력을 무시할 생각은 없지만, 그렇다고 해서 그것이 모든 인간의 사실과 현상(注2)을 나타낼 수 있느냐 하면 그렇지는 않다. 초등학교 6년간은 자기 나라의 말, 문화를 배우는데 대단히 중요한 시기이다. 그런 중요한 시기에 영어에 시간을 빼앗기는 것은 이치에 맞지 않다(注3).

(注1) 稲作 : 쌀을 재배하는 일

(注2) 事象 : 사실과 현상

(注3) 理に適う : 도리나 이치에 맞다

---

15 초등학생에 대한 영어 조기교육에 관해 A와 B는 어떤 입장인가?

1 A도 B도 영어 조기교육의 도입을 강하게 주장하고 있다.

2 A는 찬성의 입장이지만, B는 조건부로 찬성하고 있다.

3 A는 반대의 입장이지만, B는 조건부로 찬성하고 있다.

4 A는 찬성의 입장이지만, B는 반대의 입장을 나타내고 있다.

16 A와 B 어느 쪽의 칼럼에도 나와 있는 것은 무엇인가?

1 한자를 익히는 것은 비교적 어렵다.

2 아시아의 여러 국가 중에서 TOEFL의 평균 점수가 일본만큼 낮은 나라는 적다.

3 인류문화는 다양성 위에서 발달해 왔다.

4 영어는 세계의 대표적인 언어이다.

早期教育 조기 교육 | コラム 칼럼 | 需要 수요 | 昨今 작금, 현재 | わが国 우리나라 | 政策 정책 | 伝来 전래 | 受け継ぐ 이어받다 | 国語 국어 | 力を入れる 힘을 쏟다 | 事情 사정 | 平均点数 평균 점수 | 当たり前 당연함 | 天然資源 천연자원 | 乏しい 결핍되다, 부족하다 | 貿易 무역 | 活性化 활성화 | 身につける (몸에) 익히다 | 柔軟性 유연성 | 広がり 확대 | 民族 민족 | 自然環境 자연환경 | 固有 고유 | 作り上げる 만들어 내다 | 後世 후세 | 海洋 해양 | 海草 해초 | 表現 표현 | 稲作 벼농사 | 盛んな 왕성한 | 相応の 상응하는 | 多彩な 다채로운 | 今日 오늘날 | ヨーロッパ 유럽 | 島国 섬나라 | 国力 국력 | 増す 늘리다, 키우다 | 地域 각 지역 | 進出 진출 | 今や 이제는, 바야흐로 | 代表的 대표적 | 言語 언어 | 位置づける 자리매김하다 | 否定 부정 | 人類 인류 | 多様性 다양성 | 期待する 기대하다 | 国際語 국제

어 | **威力** 위력 | **事象** 사상, 사실과 현상 | **理に適う** 이치에 맞다 | **米を作る** 쌀을 짓다, 쌀을 재배하다 | **事柄** 일의 내용이나 모습, 사정 | **道理** 도리 | **理屈** 도리, 이치, 사리 | **立場** 입장 | **導入** 도입 | **条件付** 조건부

問題13 다음 문장을 읽고 다음 질문에 대한 답으로서 가장 적절한 것을 1, 2, 3, 4에서 하나 고르시오.

제가 작은 편의점을 시작한 것은 남편이 행방불명이 되고 나서 꼭 1년 후의 일입니다. 남편은 등산 가였습니다. 어린 시절부터 원래(注1) 산을 좋아하여 1년에 절반은 산을 타러 나갈 정도입니다.

남편은 작년 3월 히말라야의 에베레스트를 정복하려고 등산대와 같이 떠나 꼭 1개월 후 행방불명이 되고 말았던 것입니다. 사고 이야기를 듣게 되었을 때 저는 실신(注2)하고 말았습니다.

1년간 기다려도 돌아오지 않는 남편을 계속 기다릴 수도 없어서, 저는 아이들을 기르기 위하여 남편이 남겨준 유산을 처분하여 자그마한 편의점을 시작하였습니다. 아이들은 두 명 있는데 위의 딸은 초등학교 1학년, 밑의 아들은 아직 유치원생입니다.

①"엄마, 아빠는 미국에서 일하시지? 좀 있으면 돌아오시지?" 하며, 아들은 남편에 대한 생각을 잊을만 하면 잊어서는 안 된다는 듯이 말하는 것입니다. 그런 아들의 입버릇이 생긴 것은 제가 돌아오지 않는 아이 아빠를 미국에서 등산 관계 일에 취직했다고 아이들에게 거짓말을 했기 때문입니다.

장녀는 처음에는 제 이야기를 믿었었던 모양이지만 근래 진실을 알아차린 모양입니다. 눈물은 절대 보이지 않겠다고, 각오하고 생활하고 있는 제 눈에서 눈물이 톡 떨어지는 것은 ②"그래, 아빠는 미국에서 일하셔"라고 남동생의 이야기에 맞장구를 치는(注3) 딸의 이야기를 듣는 순간입니다.

"좋아하는 사람이 있으면 재혼하세요. 스텝 패밀리(注4) 같은 거 드물지 않은 시대잖아?"하고 시어머니(注5)에게 권유를 받고 있습니다만, 저는 산이 좋아 산과 결혼한 남편과의 이혼은 한평생 생각하고 있지 않습니다. 당차게 살아서 아이들을 훌륭하게 길러 보이고 싶은 것이 제가 할 수 있는 죽은 남편(注6)에 대한 유일한 사랑인 것입니다.

"여보, 지켜보고 있어줘요. 훌륭하게 길러 보일 테니까."

어느새 아르바이트생과 가게 보기를 교대할 시간입니다. 귀갓길에 밤하늘의 별을 쳐다보면서(注7) 남편의 미소를 떠올리는 버릇이 언제부터인지 생겨 버렸습니다.

(注1) **根っから** : 선천적으로. 원래
(注2) **失神** : 의식을 잃는 일
(注3) **相づちを打つ** : 상대의 이야기를 듣고 동조하는 일
(注4) **ステップファミリー** : 자식 딸린 재혼가정
(注5) **義母** : 배우자의 어머니
(注6) **亡き夫** : 죽은 남편
(注7) **仰ぐ** : 위쪽을 보다

17 필자가 편의점을 시작한 이유는 무엇인가?

1 남편이 돌아오지 않아서

2 생계를 꾸려야 하기 때문에

3 장사가 좋아서

4 남편이 행방불명이 되었기 때문에

18 ①과 ②는 누가 누구에게 말하고 있는 것인가?

1 ① 엄마가 아들에게　　② 딸이 엄마에게

2 ① 엄마가 딸에게　　② 아들이 엄마에게

3 ① 아들이 엄마에게　　② 딸이 남동생에게

4 ① 아들이 엄마에게　　② 아들이 누나에게

19 필자에 관한 내용으로 올바른 것은 어느 것인가?

1 필자는 아이들에게 거짓말을 한 것을 후회하고 있다.

2 필자도 남편과 마찬가지로 등산을 아주 좋아한다.

3 필자는 시어머니가 권해서 재혼을 생각하고 있다.

4 필자는 의지가 강해 쭉 혼자서 아이를 키울 각오이다.

コンビニ 편의점 | 主人_{しゅじん} 남편 | 行方不明_{ゆくえふめい} 행방불명 | 登山家_{とざんか} 등산가 | 根_ねっから 원래, 애초부터 | 山好_{やまず}き 산을 좋아함, 산을 좋아하는 사람 | ヒマラヤ 히말라야 | エベレスト 에베레스트 | 征服_{せいふく}する 정복하다 | 登山隊_{とざんたい} 등산대 | 失神_{しっしん}する 실신하다 | 待_まち続_{つづ}ける 계속 기다리다 | 遺産_{いさん} 유산 | 処分_{しょぶん}する 처분하다 | 幼稚園児_{ようちえんじ} 유치원생 | ママ 엄마 | パパ 아빠 | 口癖_{くちぐせ} 입버릇 | できる 생기다 | 仕事_{しごと}に就_つく 취직하다 | 嘘_{うそ}をつく 거짓말하다 | 長女_{ちょうじょ} 장녀 | 真実_{しんじつ} 진실 | 絶対_{ぜったい} 절대 | 覚悟_{かくご}する 각오하다 | ぽろりと 툭 | 相_{あい}づちを打_うつ 맞장구를 치다 | 瞬間_{しゅんかん} 순간 | 再婚_{さいこん}する 재혼하다 | ステップファミリー 스탭 패밀리 | 珍_{めずら}しい 드물다 | 義母_{ぎぼ} 시어머니 | 離婚_{りこん} 이혼 | 一生_{いっしょう} 한평생 | たくましい 당차다, 늠름하다 | 亡_なき夫_{おっと} 죽은 남편 | 唯一_{ゆいいつ}の 유일한 | 見守_{みまも}る 지켜보다 | 店番_{みせばん} 가게 보기 | 交代_{こうたい}する 교대하다 | 帰_{かえ}り道_{みち} 귀갓길 | 夜空_{よぞら} 밤하늘 | 仰_{あお}ぐ 쳐다보다, 올려다보다 | 笑顔_{えがお} 미소 | 思_{おも}い浮_うかべる 떠올리다 | 生_うまれつき 선천적으로 | もともと 원래 | 意識_{いしき}を失_{うしな}う 의식을 잃다 | 同調_{どうちょう}する 동조하다 | 子連_{こづ}れ 아이를 데리고 있는 것(아이가 딸려 있는 것) | 配偶者_{はいぐうしゃ} 배우자 | 方向_{ほうこう} 방향 | 生計_{せいけい}を立_たてる 생계를 꾸리다 | 商売_{しょうばい} 장사 | 後悔_{こうかい}する 후회하다 | 意志_{いし} 의지

問題14 다음 페이지의 그래프는 남자대학생과 여자대학생의 유학의 필요성에 관한 앙케이트 조사 결과이다. 다음 질문에 대한 답으로서 가장 적절한 것을 1, 2, 3, 4에서 하나 고르시오.

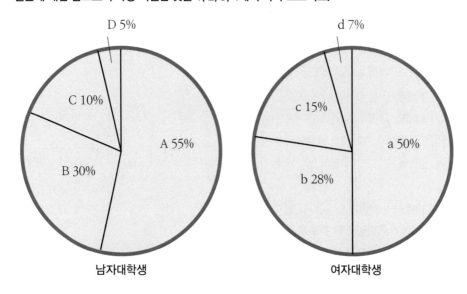

남자대학생　　　　　　여자대학생

> A/a : 유학은 반드시 필요하다
> B/b : 시간과 비용의 문제가 없다면 유학 가고 싶다
> C/c : 유학은 필요 없다
> D/d : 무응답

20 두 개의 그래프를 비교해서 말할 수 있는 것은 무엇인가?

　1 유학의 필요성을 느끼고 있는 사람은 그렇지 않은 사람보다 적지 않다는 것을 알 수 있다.

　2 유학의 필요성을 느끼고 있는 사람은 여자가 많다는 것을 알 수 있다.

　3 유학은 필요 없다고 대답한 사람은 금전적인 문제를 안고 있다는 것을 알 수 있다.

　4 유학은 필요 없다고 대답한 사람은 시간 문제가 있다는 것을 알 수 있다.

21 이 두 개의 그래프의 내용으로 올바른 것은 무엇인가?

　1 절반 이상의 남녀대학생이 유학에 무관심하다.

　2 약 20%의 남녀대학생이 대답을 하고 있지 않다.

　3 '유학은 필요 없다' '무응답'을 합치면 남녀 각각 20%를 넘는다.

　4 유학의 필요성을 느끼고 있는 사람은 남녀 평균 약 80%에 달한다.

グラフ 그래프 | **必要性** 필요성 | アンケート 앙케이트 | **調査** 조사 | **見比べる** 비교하다 | **要る** 필요하다 | **回答する** 대답하다 | **無関心** 무관심 | **合わせる** 합치다 | **費用** 비용